U0866502

工会经审工作

百问百答

简向前◎编著

GONGHUI
JINGSHEN GONGZUO
BAIWEN BAIDA

中国工人出版社

该书从基础知识、组织机构、审查实务、审计实务、常见问题等五个方面，梳理了100个问题，把工会审查审计工作中需要的理论知识、组织机构、业务操作、监督重点、审查审计方法、普遍存在问题等以一问一答的形式呈现给读者。为便于工会经审干部学习使用，本书选择了50个重要知识点给出了经审工作自测题，还附录了与经审工作密切相关的法律法规制度。希望这本书能够为广大工会经审干部带来帮助，促进工会经审工作更好地发挥监督作用。

在本书编写过程中，我们得到了中华全国总工会相关部门，湖南省总工会经审会主任张慧东、长沙市总工会经审会主任向欣等工会领导和同仁的大力支持和帮助，在此一并致谢。

由于编者水平有限，本书难免存在不足和疏漏之处，敬请广大工会工作者和读者朋友批评指正。

编　者

2020年9月

目录

C O N T E N T S

目录

CONTENTS

第五部分
常见问题

GONG HUI
JING SHEN GONG ZUO
BAI WEN BAI DA

第一部分

基础知识

1 什么是工会经费审查监督工作？

工会经费审查监督工作是工会经费审查委员会（简称“工会经审会”）依据《中华人民共和国工会法》《中华人民共和国审计法》《中国工会章程》《中国工会审计条例》等法律法规，依法履行职责，按照规定的权限和程序，监督财经法纪的贯彻执行，对工会及其直属企事业单位的经费收支、资产管理等全部经济活动的真实、合法与效益实施的审查审计监督。

工会经费审查监督工作是工会工作的重要组成部分，也是国家经济监督的重要组成部分。加强工会经审工作，是工会依法治会的重要手段，是贯彻工会经费独立原则的客观要求，是对工会经费、资产和经济活动实行民主监督和审计监督的有效途径，是加强工会自身监督的重要措施。

2 工会为什么要有经费审查监督机构？

中国工会是中国共产党领导的职工自愿结合的工人阶级群众组织，是党联系职工群众的桥梁和纽带，是国家政权的重要社会支柱，是会员和职工利益的代表。广大职工群众是工会的主体，是工会的主人，也是工会经费和资产的主人。工会经费是工会组织贯彻实施工运方针，履行工会社会职能，发展工运事业，维护职工合法权益、竭诚服务职工群众的经济基础；工会资产是社会团体资产，是工会赖以生存、发展和服务职工群众的物质基础，中华全国总工会对各级工会的资产拥有终极所有权；工会兴办的企业、事业，坚持公益性、服务性，坚持为改革开放和发展社会生产力服务，为职工群众服务，为推进工运事业服务；工会各项经费的使用是否得当，工会资产是否安全完整和保值增值，工会企事业的经营管理是否取得社会效益和经济效益，都关系到工会组织能否更好地贯彻实施工运方针，全面履行社会职能，进一步密切联系群众和加强工会组织的吸引力、凝聚力。工会各项经费的使用、资产管理和所属企事业单位的经济活动都要接受职工群众和会员的监督，因此，依据《中华人民共和国工会法》《中国工会章程》的规定，工会建立了代表会员群众依法依规履行审查审计监督职能的经费审查监督机构。

3 为什么说工会经费审查监督机构是中国共产党领导下最早的经济监督组织？

中国工会的经费审查监督机制，在中国共产党领导下的工人运动早期就已经产生并逐步推行。在长期的革命斗争岁月里，无论在革命根据地还是在国民党统治区，党领导下的工会组织都十分重视加强经费审查监督工作。1922 年江西萍乡安源路矿工人俱乐部成立后，工会组织有了一定的经费用于开展工人运动，但少数工会干部沉迷赌博，贪污挪用工人俱乐部的经费，工人俱乐部的领导和会员没有及时发现，造成了很坏的影响。为了更好地保障工人俱乐部经济的安全，党领导下的安源路矿工人俱乐部决定由总代表会选出“经济委员会”管理和监督工人俱乐部经济。经过一年的实践，为了突出体现对工人俱乐部经济的监督，将“经济委员会”改名为“经济审查委员会”，并制定《经济审查委员会章程》，选出委员 9 人，推举出委员长和审查主任。安源路矿工人俱乐部成立的“经济审查委员会”，是中国工会组织的第一个经济监督机构，也是在中国共产党领导下的最早的经济监督组织。

今天，在江西省萍乡市安源路矿工人运动纪念馆内，仍然陈列着 1923 年 10 月成立“经济审查委员会”的相关文献资料。广大工会经审干部应该感到骄傲和自豪，同时也应该深刻认识到自己身上的责任和使命。

4 工会经费审查工作的职能作用是什么？

工会经费审查工作的基本职能是监督。工会经费审查工作的监督职能作用主要体现在以下几个方面：

(1) 促进依法治会。工会的经济活动必须遵守党和国家的财经政策，而且要充分体现为职工服务的宗旨。工会经费审查监督工作是以党和国家的政策、法规和工会财务规章制度为准则来审查工会的经济活动的，要通过审查监督工作促进工会组织认真贯彻执行党和国家的财经法纪，促进工会经费坚持正确使用方向，促进各级工会组织执行工会财务、资产管理制度。

(2) 促进民主公开。工会经费审查委员会向同级工会会员（代表）大会负责并报告工作；在大会闭会期间，向同级工会委员会负责并报告工作。经费审查委员会把对同级工会组织及其直属企事业单位的经费收支和资产管理的审查审计情况，贯彻执行财经法纪的情况通过经审工作报告的形式向工会会员（代表）大会和工会委员会报告，这就是工会民主管理经费和资产，公开经费使用和资产管理情况，发挥工会经费审查工作民主公开职能的重要体现。

(3) 促进科学决策。工会经费审查委员会是工会经济活动方面意见和要求来源的重要渠道。通过对工会经费收支的审查监督活动，经审组织可以掌握大量准确的工会经费收支、资产管理和企事业经营管理情况方面的资料，可以提出加强工会财务、资产管理和工会企事业单位经营管理的建议，及时提供给工会领导参考，为工会领导民主、科学决策提供依据。

(4) 促进廉洁自律。工会经费审查委员会通过对工会及其所属企事业单位预算执行、财务收支、经营活动的审查审计，可以发现一些违反廉洁自律纪律、中央八项规定的问题，针对这些存在的问题，及时向工会组织或企事业单位提出改进意见和建议，督促做好审计整改工作，能够有力地制止一些经济问题的发生，并起到预防腐败问题发生、震慑腐败分子的作用，充分发挥工会经审组织“免疫系统”的功能，从而促进工会组织和工会干部的廉洁自律。

5 工会经费审查工作的任务是什么？

工会经费审查工作最根本的任务就是代表会员群众对工会经费收支、资产管理情况和全部经济活动进行监督。包括以下几点：

（1）监督收好、管好、用好工会经费。工会经审组织审查同级工会、下一级工会及其直属企事业单位的预编制、预算执行和财务收支等情况；组织开展工会经费计拨审计，协助财政、税务等部门划拨、收缴工会经费，配合工会财务部门开展财务检查，监督工会经费应收尽收；监督工会财务、资产管理等部门健全制度、强化管理、规范运作，促进工会组织按照规定发扬财务民主，实行财务公开；深入实际，调查研究，总结经验，对经费收支管理提出切实可行的改进意见或建议，确保工会经费的使用真正体现服务大局、服务基层、服务职工的原则。

（2）监督工会资产保障安全和提高效益。工会经审组织要加强对工会资产的审查审计监督，促进工会资产管理水平不断提高，促进工会建立健全资产管理制度，保障工会资产的安全完整，不断提高工会资产的社会效益和经济效益。要结合审查审计加强调查研究，摸清工会资产监督管理的现状，分析工作中存在的主要问题及原因；要研究工会资产审查审计监督的有效形式，加强和改进对工会重大投资、工程项目的全过程跟踪审计监督工作；要及时开展破产、转改制工会企事业资产的清查审计，依法维护破产、转改制工会企事业资产的所有权，监督破产、转改制工会企事业资产的安全、完整，依法维护工会和职工的合法权益；要开展工会资产绩效审计，不断提高工会资产使用的经济性、效率性和效果性。

（3）监督工会经济活动规范运作。随着社会主义市场经济的发展，党和国家把更多的资源和手段赋予工会组织，工会经审组织要通过审查审计，监督、检查各级工会和所属企事业单位是否严格遵守国家财经法纪和工会相关制度，促进依法管理、依法运作。通过审查审计，及时发现挤占挪用、损失浪费、贪污腐败等违法违纪问题，向有关方面提出处理意见；督促和帮助企事业单位健全自我约束机制，改善经营管理，促进增产节约、增收节支，提高经济效益；对带有普遍性、倾向性的问题进行综合分析，从宏观角度向各级工会提出加强管理的建议，推动工会经济活动管理机制和内部控制机制的完善。

6 工会经费审查工作的方针是什么？

《中国工会审计条例》第五条规定：工会审计遵循依法审计、服务大局、突出重点、注重实效的工作方针。

依法审计是指工会经审组织和审计人员应当依照法律规定行使审计监督权，开展各项审计活动。工会经审组织和经审干部要按照《中华人民共和国审计法》《中国工会审计条例》等法律法规规定的职责、权限和程序开展审查审计监督活动。要依据财务收支和经济管理方面的法律、法规、规章，客观评价被审计单位的财务、资产管理情况和经济行为，对违反国家、工会规定的财务收支行为进行披露和处理、处罚；要客观公正、实事求是地对被审计单位的工作做出客观科学准确的评价，要以促进工作、改善管理为目的，提出科学、合理的审计建议，推动工会财务和资产管理制度建设。

服务大局是指工会经审组织和经审干部必须牢固树立大局意识，做到认清大局、胸怀大局、把握大局，站在工会工作全局的高度，放眼大势，拓宽思路，抓好要务，不断开创经审工作新局面。在工作统筹和安排上要大局在胸，抓住审查审计监督的主线，突出工会重点工作，做到科学谋划、方向明确、任务具体、措施有力。在工作推进上要围绕工会重点工作任务来研究、谋划、部署和推动经费审查审计监督工作，要忠实履行监督职责，牢牢把握住经审工作服务大局的工作方向和重点内容。

突出重点是指工会经审工作要紧紧围绕实际，必须始终突出重点，分清主次，围绕中心，狠抓落实。要找准审查审计监督的突破点、关键点，有的放矢，不能眉毛胡子一把抓，不分轻重缓急。工会经审组织和经审干部坚持抓重点、抓要害、抓关键，把主要精力和力量放在加强对事关工会经费和资产安全重大问题的监督上。要对“三重一大”项目进行全过程跟踪审查审计，如实揭露查出的问题，重大问题要及时向同级工会领导班子报告，提出切实可行的审查审计意见和建议，下大力气抓好审计整改工作，有效防范风险、避免损失。

注重实效是指工会经审工作要始终聚焦主责主业，取得审查审计监督的实际效果。工会经审组织和经审干部要在经费审查审计的全过程中注重脚踏实地，充分发挥审查审计监督效能，在揭露问题、落实整改、促进管理、推动工作上下功夫、见实效。审查审计的见实效要体现在重要事项的刚性约束上，比如：本级工会经费年度预算不经经审会全体会议审查通过，工会主席不能签字，上级工会不予审批；追加预算不经经审会或经审会常务委员会审查同意，财务部门不能办理；审查审计发现的问题不整改到位，各项考核实行一票否决；工会企事业单位不经审计，其经营成果不予确认；工会建设项目不经审计，不予验收、结算和付款等。

7 工会经费审查工作的体制是什么？

《中国工会章程》第三十九条规定：工会实行“统一领导、分级管理、分级负责、下审一级”的经费审查监督体制。

（1）统一领导是指工会经审工作的制度和办法由全国总工会统一制定，并对各级工会经审工作进行督促检查。全国总工会经审会通过颁布制度、制定政策、部署工作，对全国各级工会的经审工作实行统一领导。下级工会经审会应当根据上级工会经审会的工作部署，研究确定自己的工作思路和任务，重大问题应向上级工会经审会请示报告。各级工会经审会及经审干部应自觉接受上级工会经审会的业务指导，积极协助上级工会经审会开展工作。上级工会经审会对下级工会经审工作进行督促检查、量化考核和评比表彰，促进经审工作水平的整体提升。

（2）分级管理是指各级工会经审会按照财务管理级次划分工作范围、明确监督职责。地方工会和独立管理经费的产业工会，从省级、市级、县级到基层，各级工会经审会都要建立健全与财务管理体制和资产监管体制相匹配的监督制约机制，在职责范围内卓有成效地开展审查审计工作。

（3）分级负责是指各级工会经审会对同级工会会员（代表）大会负责，依法独立履行职责，有权直接处理职责范围内的事务，承担职责范围内的监督责任。各级工会经审会根据上级工会经审会的工作部署，结合本级工会实际研究制订工作计划，确定工作重点，制定相关制度，抓好工作落实，不断提高经审工作的整体水平，充分发挥经审监督的效能。

（4）下审一级是指上级工会经审会要对下一级工会及其所属企事业单位的经费收缴、财务管理、资产使用和经营情况等进行审计。审计内容主要包括工会经费的收、管、用，上级工会补助资金和“帮扶”“送温暖”等专项资金的使用，当地政府拨款、补助资金的使用及效益，下一级工会的直属企事业单位的财务收支、资产管理和经营情况等。下一级工会遇有重大或必要的审计事项需要上级工会经审会审计时，由下一级工会或下一级工会经审会向上级工会经审会提出申请，经批准后对其进行审计。下审一级必须做到对下一级工会审计的全覆盖。

8 工会经费审查工作的性质是什么？

工会经费审查工作是工会经费审查委员会对工会经费收支、资产管理等全部经济活动依法进行审查审计的经济监督工作，具有以下性质：

（1）广泛的群众性。工会经费审查委员会的委员是由工会会员（代表）大会选举产生的，具有广泛的代表性，代表着各个地方、各个行业的职工群众。工会经费审查委员会可以聘请具有审计、财会等专业资格和职业能力的人员作为特邀审计员参与审计工作，可以委托社会中介机构参与审计工作。工会经费审查委员会开展的监督，是广大职工群众参与的民主监督与工会审计人员开展的专业监督相结合的监督，有自己的优势和特点。工会经费审查委员会向工会会员（代表）大会负责并报告工作，工会会员（代表）大会有权对经费使用情况提出意见，对工会经审工作提出要求，这是群众性的体现。

（2）充分的独立性。工会经费审查工作的独立性，是由工会独立管理经费决定的，是《中华人民共和国工会法》和《中国工会章程》赋予的。各级工会经费审查委员会受工会会员大会或工会会员（代表）大会的委托，代表会员群众对工会经费和资产管理进行审查监督，并对工会会员（代表）大会负责，不受其他单位、组织和个人的干扰。各级工会经费审查委员会依照《中华人民共和国审计法》和《中国工会审计条例》等法律法规规定的职权、程序开展审查审计监督工作，有权在规定职权范围内独立自主作出审计评价和审计决定。工会经费审查委员会的工作机构和审计人员独立履行审计监督职责，不能参与被审计单位的经济管理活动，不得从事管钱管物的工作，在办理审计事项中，与被审计单位或者审计事项有利害关系的应当回避。

（3）高度的权威性。工会经费审查工作的权威性是由工会经审组织具有充分的独立性决定的。工会经审组织和审计人员依照法律和《中国工会章程》独立履行审计监督职责，被审计单位及其有关人员不得拒绝和阻碍工会审计人员执行公务，不得打击报复工会审计人员。工会审计人员在办理审计事项中，应当恪守国家审计准则规定的严格依法、正直坦诚、客观公正、勤勉尽责、保守秘密等基本审计职业道德和审计纪律。工会经审组织的审计结果作为同级工会、上级工会及其有关部门评选先进和工作考核的重要依据，工会经审会有权对审计结果以适当的方式进行通报。

GONG HUI
JING SHEN GONG ZUO
BAI WEN BAI DA

第二部分

组织机构

9 工会经费审查的组织机构有哪些?

工会经费审查的组织机构是指工会经费审查委员会及其办公室。

工会经费审查委员会是代表会员群众对工会经费收支、资产管理等全部经济活动进行审查审计监督的组织，具有广泛的代表性、充分的独立性以及高度的权威性。

工会经费审查委员会办公室是经审会的工作机构，也是工会的内设机构，主要负责工会经审会的日常具体工作。

10 工会经费审查委员会是怎么产生的？向谁负责?

《中华人民共和国工会法》第十六条规定：基层工会委员会每届任期三年或者五年。各级地方总工会委员会和产业工会委员会每届任期五年。《中国工会章程》第十三条规定：各级工会代表大会选举产生同级经费审查委员会。……工会经费审查委员会向同级会员大会或会员代表大会负责并报告工作；在大会闭会期间，向同级工会委员会负责并报告工作。《中国工会审计条例》第十一条规定：经审会应当与同级工会委员会同时考察、同时报批、同时选举产生。

由此可见，工会经费审查委员会是由各级工会会员（代表）大会在选举工会委员会的同时选举产生的，基层工会经费审查委员会每届任期三年或者五年，各级地方总工会经费审查委员会和产业工会经费审查委员会每届任期五年。

工会经费审查委员会向同级工会会员（代表）大会负责并报告工作，各级地方总工会和产业工会一般五年召开一次会员代表大会，在大会上经审会作经审工作报告；在大会闭会期间，经审会向每年召开的同级工会委员会负责并报告工作。基层工会一般每年召开一次工会会员（代表）大会，在大会上经审会作经审工作报告；在大会闭会期间，经审会向同级工会委员会负责并报告工作。

11 工会经费审查委员会主任人选是怎么产生的?

工会经费审查委员会主任人选应由同级党组织和上级工会在充分听取各方面意见的基础上协商提名候选人，先由同级工会会员（代表）大会选举产生同级工会经费审查委员会委员，再由工会经费审查委员会全体会议选举产生经审会常委、主任、副主任。

《关于地方工会召开代表大会及组成工会委员会、经费审查委员会的若干规定》规定：省、自治区、直辖市总工会经费审查委员会设常务委员会，由5—7人组成，其中主任1人，副主任1—2人，主任、副主任的人数应少于常务委员会人数的二分之一。设区的市、自治州及以下地方总工会经费审查委员会设主任1人，副主任1人。《工会基层组织选举工作条例》第三十五条、第三十六条、第三十七条规定：基层工会经费审查委员会委员名额一般3至11人。经费审查委员会设主任1人，可根据工作需要设副主任1人。基层工会的主席、分管财务和资产的副主席、财务和资产管理部门的人员，不得担任同级工会经费审查委员会委员。基层工会经费审查委员会由会员大会或会员代表大会选举产生。主任、副主任可以由经费审查委员会全体会议选举产生，也可以由会员大会或会员代表大会选举产生。基层工会经费审查委员会的选举结果，与基层工会委员会选举结果同时报上一级工会批准。基层工会经费审查委员会的任期与基层工会委员会相同。

12 哪些人可以担任工会经费审查委员会委员？

《中国工会审计条例》第十二条规定：经审会委员由政治素质高、业务能力强、具有相关专业知识的工会干部和会员担任并经民主选举产生。县级以上工会经审会委员人数不少于同级工会委员会委员人数的20%，最低不少于5人。经审会委员中具有审计、财会专业知识的人员一般不少于三分之二。

《中国工会审计条例》第十七条规定：工会应当建设信念坚定、为民服务、业务精 通、作风务实、敢于担当、清正廉洁的高素质专业化审计队伍。

《基层工会经费审查委员会工作条例》第六条规定：基层工会经费审查委员会一般由三至十一名委员组成。大型企业可根据需要适当增加委员名额。经费审查委员会成员，选举应坚持四项基本原则，密切联系群众，热心工会经审工作，懂得财经政策，能坚持原则、求实公正、廉洁奉公的会员担任。

《关于地方工会召开代表大会及组成工会委员会、经费审查委员会的若干规定》中明确：各级地方总工会经费审查委员会，应由地方总工会经费审查委员会及其办公室负责人，地方总工会所属的部分独立管理经费的产业工会经费审查委员会负责人，下一级地方总工会经费审查委员会负责人和有关方面人员组成。

13 工会经费审查委员会委员工作和职务变动了怎么办？

工会经费审查委员会委员实行替补制。如有因工作和职务变动，不再适合担任工会经费审查委员会委员的情况，一般由接替原委员工作和职务的同志替补为工会经费审查委员会委员。

依照《中国工会章程》和《中国工会审计条例》的规定，全国总工会经审会委员实行替补制。各级地方总工会、独立管理经费的产业工会和机关工会联合会经审会委员也可以实行替补制。

县级以上工会经审会委员替补制的基本程序是：经本级地方、产业工会代表大会选举产生的工会经审会委员，由于工作和职务的变动或其他原因，需要调整其委员职务时，由原提名的工会组织提出免去其委员职务的建议并提出相应的替补人选，在同级工会全委会上履行替补程序。

《基层工会经费审查委员会工作条例》第八条规定：基层工会经费审查委员会的任期与基层工会委员会相同。在任期内，如有成员出缺，由同级会员大会或会员代表大会补选。其主要负责人的任免，要征得上一级工会委员会的同意，履行民主程序。

14 工会经费审查委员会的权利有哪些？

工会经费审查委员会有以下权利：

（1）监督权。工会经费审查委员会的审查审计监督权是《中华人民共和国工会法》《中国工会章程》《中国工会审计条例》等法律法规赋予的，各级工会经审组织有权对同级和下一级工会组织的各项经费收支、资产管理情况及其所属企事业单位的财务收支、经营管理情况进行审查审计监督。

（2）知情权。依据有关规定，工会经审组织对工会及所属企事业单位的全部经济活动享有知情权。工会经审会有权出席或列席同级工会的有关会议，听取并了解工会各项经费收支、资产管理情况以及工会企事业单位的财务收支、经营管理情况。有权调阅有关会计资料，查阅有关文件，检查财务报表、会计凭证，进行调查取证等。

（3）建议权。工会经审组织对加强内部控制，保障工会经费和资产安全、完整、效益享有建议权。各级工会经审组织有权参与同级工会经费收支和资产管理方面的决策和制度的制定，提出意见和建议；有权在审查审计的基础上，对工会经费收支和资产管理方面的问题提出纠正与整改的建议；有权建议对违反财经法纪的被审查审计单位和有关人员进行调查处理；有权建议对管理经费、资产成绩显著的单位与个人给予表彰。

15 工会经费审查委员会的义务有哪些？

工会经费审查委员会应履行的义务有：

（1）切实履行审查审计职责，认真开展经济监督，对本级工会会员（代表）大会负责并报告工作，在工会会员（代表）大会闭会期间对同级工会委员会负责并报告工作；

（2）按《中国工会审计条例》等规章制度规定的审查方式、程序，及时对同级工会的年度经费收支预算、预算执行情况和预算调整方案、重大投资项目和重大经济事项进行审查审计；

（3）每年的审查审计项目完成后，应将书面审查审计结果和处理意见、审计整改情况等，向同级工会党组或主席办公会进行报告；

（4）加强与国家审计机关的联系，主动接受业务指导，开展与社会审计力量的合作，借助其力量，强化与工会财务、资产、权益保障等部门的联系和配合，共同促进工会经济管理水平的提高；

（5）认真学习党和国家的财经政策和财务规章制度，不断提高理论政策水平和业务工作水平，努力提升依法审查审计监督的能力；

（6）严格遵守审计职业道德和审计纪律，忠于职守，敢于斗争，坚持原则，秉公办事，不徇私情，廉洁奉公。

16 哪些人不能担任同级工会经费审查委员会委员？哪些工会应当设置经费审查委员会办公室？

根据《中国工会审计条例》第十三条的规定：工会主席、分管财务和资产的副主席、工会财务人员和资产管理人员，不得担任同级工会经审会委员。

根据《中国工会审计条例》第十六条的规定：全国总工会、各级地方总工会、独立管理经费的产业工会和机关工会联合会的经费审查委员会办公室（以下简称经审办），作为经审会的日常工作机构，承担工会经费审查审计监督工作。

根据中华全国总工会《关于加强县级工会经费审查审计监督工作的意见》的规定：经审会下设办公室，本级年拨缴经费收入 200 万元以上的，应独立设置经审会办公室。经费管理总量较多的县级工会，应配备专职经审干部。

17 工会经费审查委员会办公室的任务有哪些？

工会经费审查委员会办公室在同级工会经费审查委员会的领导下，担任下列任务：

（1）负责同级工会经费审查委员会的日常工作，完成同级工会交办的日常审计监督任务；

（2）承担同级工会经费审查委员会全体会议、常务委员会会议及其他会议的筹备、组织工作，提出有关会议议题的建议；

（3）负责起草、整理、传递同级工会经费审查委员会的决议、决定、会议纪要和专题报告等文稿，并检查贯彻落实情况；

（4）按照《工会审计操作规程》规定的审计程序实施工会

各项审计工作，起草审计报告、审计决定和有关审查审计文书；

（5）组织开展经审工作调研，积极运用调研成果，收集和整理广大职工群众和工会干部对工会经费收管用、资产管理和经济活动的意见、要求和建议，并及时反馈办理和采纳情况；

（6）组织开展经审工作检查、规范化建设情况考核等，督促、指导下级工会提高经审工作水平，推进经审工作任务的完成，总结推广先进典型经验；

（7）积极整理经审工作经验材料、工作动态，编辑经审信息交流资料，按照经审干部培训规划组织培训工会经审人员；

（8）承办上级工会经审会、同级工会交办的其他工作。

18 基层工会经费审查委员会主任、委员可以由单位行政财务主管或财务人员担任吗?

基层工会经费审查委员会主任、委员可以由单位行政财务主管或财务人员担任。

《中国工会审计条例》第十三条规定：工会主席、分管财务和资产的副主席、财务和资产管理部门的人员，不得担任同级工会经审会委员。

基层工会的单位行政财务主管或财务人员只要不兼任工会管钱、管物、管资产的职务，可以担任同级工会经审会主任、委员。一些会员人数不多，具有审计、财会专业知识的人员略少的基层工会，要做到符合“经审会委员中具有审计、财会专业知识的人员一般不少于三分之二”的规定，更好地做好工会经费审查审计监督工作，有时需要单位行政财务主管或财务人员担任同级工会经审会主任、委员。

19 工会经费审查审计监督工作经费怎么保障？

《中国工会审计条例》第五十三条规定：各级工会应当为经审会开展审计工作，提供必要的人力、物力、财力保障和工作条件，履行审计职责 所需经费，应当纳入本级工会年度经费预算。

2014 年，根据《中华全国总工会办公厅关于停止执行〈增收留成基金管理办法〉〈财务专用基金管理办法〉和〈经审专用经费管理办法〉的通知》（厅字〔2014〕14 号）文件精神，中华全国总工会财务部印发了《关于工会经审工作经费开支范围的规定》（工财发〔2014〕43 号），文件明确规定：工会经审工作所需经费不再按照规定比例列入预算，改为按照当年工会经审工作需要，将所需经费列入本级工会年度预算。各级工会要确保工会经审组织开展审查审计监督工作经费，将工会经审工作经费列入本级工会年度预算，作为专项业务费进行管理。

20 工会经费审查审计监督工作经费的开支范围包括哪些?

工会经审工作经费开支范围包括:

(1)审查审计工作经费:主要用于开展审计、审计调研、专项检查等工作。包括支付聘请社会中介机构、特邀审计员、经审互审活动发生的经费,审计差旅费、交通费,对相关审计业务的论证咨询等费用。

(2)经审工作制度建设和调研工作经费:主要用于开展工会经审工作制度研究、专项调研、工作督导、规范化建设考核及有关业务工作会议、座谈会等。

(3)经审干部培训经费:主要用于对本级和下级工会经审人员的培训工作。包括培训费、讲课费、住宿费、伙食费、学杂费、资料印刷费、课件制作费等。

(4)工会审计软件开发与应用经费:主要用于工会审计软件的购买、开发、应用、维护、升级、技术服务和网络数据传输、数据库管理等。

(5)业务资料费:主要用于购置工会经审业务建设所需的业务书刊、资料。包括与工会经审工作相关的书籍、报纸、文件汇编、论文选编及工会经审信息的编审印刷邮寄等费用。

(6)设备及办公用品购置费:主要用于购置必备的经审工作设备、工具、办公用品等。

（7）经审工作规范化建设考核、优秀审计项目评选以及奖牌、奖状证书的制作及邮寄费等。

（8）支付审计学会、内审协会的会费。

（9）其他经审工作所需的经费。

21 工会经费审查审计工作人员怎样才能履行好职责？

工会经费审查审计工作人员需要做到以下几点：

（1）强化责任意识。工会经审工作对每名经审人员而言，都意味着责任。对工会经审工作有无责任感，也是衡量工会经审人员合格与否的首要条件。因此，工会经审人员要自觉加强学习，提高学习能力，既要充分认识工会经审工作的重要性，又要明确自身担负的重要责任，增强做好本职工作的自觉性、主动性和信心。

（2）掌握业务技能。具备与工会经审工作相适应的专业知识和业务能力，是对经审人员履行职责的基本要求。工会经审人员一定要跟上知识更新的脚步，认真学习有关法规制度和专业知识，深钻细研业务技能，努力做到法规熟、专业通、技能精。只有这样，才能客观公正、实事求是地对审查审计事项作出正确的判断和评价，才能经得起法规制度和历史的检验。

（3）勇于实践创新。履行工会经审工作职责，要求工会经审人员必须具有认真扎实的工作作风和锐意进取的创新精神。在实施审查审计监督中，工会经审人员要严格按规章制度办事，潜下心来，真抓实干，真正把问题查清查透，如实反映，提出切实可行的建议，便于整改。要顺应形势，不断转变思想观念和行为模式，积极探索新时期工会经审工作的新思路、新方法，走科学发展、创新发展的道路。

（4）培养协调能力。履行工会经审工作职责，不仅需要扎实的业务功底和政策水平，而且需要协调处理好工会经审组织与各个有关方面的关系。工会经审人员要善于做宣传解释和组织协调工作，使工会经审监督被外界所了解和认同，努力把各方面的力量吸引到关心、支持、帮助工会经审组织，做好经审监督工作上来。

（5）严守职业纪律。遵章守纪、廉洁奉公、保守秘密，这是履行工会经审工作职责对工会经审人员的法纪要求。工会经审人员要自觉遵守廉政规定，严守工作纪律，依法履职，在思想上筑起一道抵御腐朽思想文化和生活方式侵蚀的坚固防线，经得住嘲讽，顶得住诱惑，耐得住寂寞，管得住“小节”，以人格的力量，取信于工会组织和职工群众。

22 工会经费审查审计工作人员要遵守哪些工作纪律？

根据中华全国总工会经费审查委员会《关于进一步加强审计纪律的规定》（工审会字〔2009〕2 号），工会经费审查审计工作人员要遵守以下工作纪律：

（1）不准由被审计单位支付住宿费用。

（2）不准使用被审计单位的交通工具、通信工具等办公条件办理与审计工作无关的事项。

（3）不准参加被审计单位安排的宴请、旅游和娱乐活动。

（4）不准接受被审计单位的礼品、礼金、消费卡和有价证券。

（5）不准在被审计单位报销任何因公因私费用。

（6）不准向被审计单位推销商品或介绍业务。

（7）不准利用审计职权或知晓的被审计单位的内部信息，为自己和他人谋利。正式交换意见前，审计人员不得泄露审计工作情况。

（8）不准向被审计单位提出任何与审计工作无关的要求。

23 工会经费审查审计工作人员要遵守哪些职业道德?

参照《中国内部审计准则第 1201 号——内部审计人员职业道德规范》的规定，工会经费审查审计工作人员要遵守以下职业道德：

（1）保持诚实、守信、廉洁、正直，不应有歪曲事实、隐瞒审计发现的问题、进行缺少证据支持的判断、做误导性的或者含糊的陈述、利用职权谋取私利、屈从于外部压力而违反原则等行为。

（2）遵循客观性原则，公正、不偏不倚地作出审计职业判断，在实施审查审计前，识别可能影响客观性的因素和严重程度，向审计项目负责人或者内部审计机构负责人报告客观性受损可能造成的影响。

（3）保持并提高专业胜任能力，按照规定参加后续教育。应当具备履行审计职责所需的专业知识、职业技能和实践经验。

（4）遵循保密原则，按照规定使用其在履行职责时所获取的信息，对实施审查审计业务所获取的信息保密，非因有效授权、法律规定或其他合法事由不得披露，不得利用其在实施审查审计业务时获取的信息牟取不正当利益，或者以有悖于法律法规、组织规定及职业道德的方式使用信息。

GONG HUI
JING SHEN GONG ZUO
BAI WEN BAI DA

第三部分

审查实务

24 工会经费审查委员会审查的内容有哪些?

根据《中国工会章程》第十三条的规定：经费审查委员会负责审查同级工会组织及其直属企业、事业单位的经费收支和资产管理情况，上级经费审查委员会应当对下一级工会及其直属企业、事业单位的经费收支和资产管理情况进行审查。审查的主要内容有：工会经费收支预算、工会经费收支预算执行情况，工会所属企事业单位经济活动及其效益情况，工会资产管理和效益情况，专用基金提取和使用情况，专项资金管理使用情况，其他重大项目和重要事项情况。

25 基层工会经费审查委员会审查的程序是什么?

基层工会经审会全委会会议审查的主要程序是：

（1）根据国家和上级工会的规定、要求以及本单位的实际情况，制定对基层工会及所属企事业单位进行审查的工作计划。

（2）基层工会经审会应提前将会议时间、有关议题和审查内容通知基层工会或被审查的所属企事业单位。基层工会或被审查的所属企事业单位应及时做好准备并提前将会议审议的书面材料送达工会经审会。

（3）基层工会及所属企业、事业单位分管领导和财会人员应当到会说明，听取审议意见，接受质询。

（4）工会经费年度预算、预算追加调整及决算和重大投资决策等须由工会经审会全委会会议表决。表决议案应由全体委员过半数通过并当场宣布。

（5）审查终结，应将审查结果、处理意见和改进工作的建议报送基层工会委员会。报送前，应征求被审查对象的意见。

（6）基层工会委员会应对建议报告及时研究处理，并将处理意见和执行情况向基层工会经审会通报。

（7）被审查对象对审查结果、处理意见或决定如有异议，可提请复议。如复议后有关审查结果、处理意见或决定仍维持不变，被审查对象必须执行。

（8）基层工会经审会与基层工会委员会在重大问题上意见不一致时，应同时报请上级工会委员会和上级工会经审会处理。

26 县级以上工会经费审查委员会审查的程序是什么？

县级以上工会经审会全委会会议审查的主要程序是：

（1）确定工会经审会全委会会议召开日期、将要审查的内容和会议议程。

（2）提前一周将全委会会议召开日期、将要审查的内容和会议议程通知同级工会主要领导、分管领导和有关部门，要求准备好提交会议审查的书面材料及相关明细资料。

（3）财务等有关部门应在会议召开前3个工作日将提交会议审查、审议的书面材料，包括工会经费年度收支预决算（草案）、资产监督管理情况报告、草案编制说明及相关明细资料等，送达工会经审会或经审会办公室。

（4）工会经审会办公室应及时分发会议材料，各位委员在会议召开前应认真阅读材料，并做好发表审查、审议意见或建议的准备工作。

（5）会议审查期间，本级工会财务、资产监督管理部门负责人和分管领导应到会作说明，听取审查、审议意见和建议，接受质询并回答委员们提出的有关问题。

（6）听取本级工会财务部门负责人所作的关于上年度经费收支决算（草案）和本年度经费收支预算（草案）情况的说明。

（7）听取本级工会资产监督管理部门对上年度工会资产监督管理和重大投资决策等情况的报告。

（8）听取工会经审会办公室关于本级工会上年度经费预算执行情况的审计报告和上年度审计情况的综合报告。

（9）对本级工会上年度经费收支决算（草案）、本年度经费收支预算（草案）、上年度工会资产监督管理情况的报告和重大投资决策等进行审查、审议，发表意见或建议。

（10）工会领导班子认真听取工会经审会提出的意见和改

进建议，责成财务等有关部门对审查事项中的相关内容进行调整，本级工会分管领导向工会经审会全委会会议作出调整说明。

（11）工会经审会全委会会议对修改、调整后的预决算（草案）和重大投资决策等分别进行表决，表决议案应按民主集中制原则由全体委员的过半数通过。

（12）需要工会经审会全委会会议审查、确定或通报的其他有关事项。

（13）工会经审会领导讲话。

（14）审查通过的经费收支决算（草案）和预算（草案），经工会经审会主任签字，并加盖工会经费审查委员会公章后生效，同时报上级工会经审会。

27 省、自治区、直辖市总工会以及独立管理经费的全国产业工会经费审查委员会常务委员会审查的程序是什么？

省、自治区、直辖市总工会以及独立管理经费的全国产业工会经费审查委员会常务委员会审查的程序是：

（1）工会经审会主任确定常委会会议召开日期，由工会经审会办公室及时发出会议通知。

（2）工会经审会主任提出常委会会议议程，由常委会全体委员审议通过。

（3）对提交工会经审会全委会会议审查的经费收支预算和预算执行情况（草案）包括明细资料和报告文稿，进行初步审查。

（4）听取财务部门关于上半年预算执行情况的报告，对上半年预算执行情况进行审查并提出意见或建议。

（5）听取财务部门关于经费预算调整和追加事项的说明，审议通过经费预算调整、追加方案，并报工会经审会全委会会议确认。

（6）听取本级工会资产管理、重大建设项目、重大经济决策等情况汇报，提出审查意见或建议。

（7）听取和审议工会经审会常委会的工作报告，提出的工作意见、计划、规章制度和表彰、奖励方案及其他议案，并作出相应的决议。

（8）审议工会经审会常委会认为有必要讨论确定的其他事项。

（9）工会经审会办公室撰写工会经审会常委会会议纪要，经工会经审会主任审批后，印发至工会经审会全体委员、同级工会主要领导和财务等相关单位和部门。

28 工会经费审查委员会审查的方式有哪些？

工会经费审查委员会审查的主要方式有：

（1）会议审查。指工会经费审查委员会依据有关规定，按照一定的程序召开经审会全体会议或常委会议，对涉及工会经费、资产和经济活动的事项进行审议、发表意见或建议并作出相关的审议决议的审查方式。如对工会年度经费预算、预算执行情况的审查就是以会议审查的方式进行。

（2）事前、事中、事后审查。指工会经费审查委员会依据有关制度规定，对工会经济活动分别在发生前、发生中、结束后进行的审查方式。如对工会重大的经济事项、基本建设项目或重大投资项目在决策前、执行中、执行后审查。

（3）全面、重点、专项审查。指工会经费审查委员会依据有关制度规定，根据被审查对象的情况和审查需要，分别采取审查全部经济活动、审查重点内容和问题、专门审查某项经济业务的审查方式。如对工会某所属企事业单位进行全面审查，对工会的补助支出进行重点审查，对帮扶资金管理使用进行专项审查等。

29 工会经费审查委员会审查的原则是什么?

工会经费审查委员会审查的主要原则有：法定性原则、民主性原则、客观性原则、重要性原则、准确性原则。

（1）法定性原则。工会经费审查委员会的审查监督权是《中华人民共和国工会法》《中国工会审计条例》等法律法规赋予的，从工会经费审查委员会产生到各项工会经费审查审计监督活动的开展，都有法律法规依据。法律规定工会独立管理经费，就决定了工会必须要有独立的、系统的、统一领导的审查审计监督组织。

（2）民主性原则。工会经费审查委员会开展的审查监督具有高度的民主性、广泛的代表性，经审监督应当依靠广大会员群众。工会经费审查委员会是通过法定的民主程序，由同级工会会员（代表）大会选举产生，这就决定了工会经审监督组织从建立起就具有高度的民主性。工会经费审查委员会审查时全体委员共同参与，不受任何组织和个人的影响和约束，委员独立行使自己的表决权，充分展示了审查过程的民主性。

（3）客观性原则。工会经费审查委员会在开展审查审计时必须以被审查对象的经济业务和会计资料为依据，如实反映实际情况和审查结果，确保审查信息的真实性、可靠性和完整性。在审查时必须始终保持客观公正和实事求是的态度，不受其他因素的影响和制约。审查过程必须严格依法、依规，按照程序进行，审查方法、手段必须科学、规范，审查结果必须客观、公正。

（4）重要性原则。工会经费审查委员会在审查时必须突出重点，要把困难职工帮扶、送温暖、劳模补助、职工医疗互助等关系到民生和职工切身利益的专项资金作为监督重点；要把收付频繁、管理要求高的库存现金、银行存款等货币资金作为监督重点；要把重大开支项目、重要投资决策、职工文化阵地和职工活动场所建设等对工会影响较大的经济活动作为监督重点。

（5）准确性原则。工会经费审查委员会开展审查监督工作时所用的数据以及计算分析要准确，各项数据和指标计算口径、原则和方法必须一致，具有可比性。审查后披露的信息在内容上必须准确无误，符合完整性、真实性和有效性的要求，不得有重大遗漏、虚假或错误。

30 工会经费预算审查的重点内容是什么？

根据《工会预算审查监督办法》的规定，工会经费审查委员会对工会财务部门编制的预算草案和预算调整方案进行审查，审查重点是：

（1）预算编制是否符合有关法律、法规、政策等相关规定；

（2）预算编制是否体现工会工作“维护职工合法权益、竭诚服务职工群众”的要求；

（3）预算编制是否体现统筹兼顾、勤俭节约、量力而行、讲求绩效和收支平衡的原则；

（4）预算收入编制是否依法、真实、完整、合理；

（5）预算支出编制是否做到优化经费支出结构，从严控制“三公”经费和一般行政性支出，重点支持维护职工权益、为职工服务和工会活动等工会中心工作；

（6）县级以上工会是否做到按规定建立本级预算项目库、设置预备费以及设置预算稳定调节基金，基层工会和县以上工会是否编制年度采购预算；

（7）工会投资时，是否符合有关规定，手续齐备；

（8）当年预算收入不足以安排当年预算支出的，是否只在以前年度结余资金范围内弥补不足；

（9）县级以上工会和具备条件的基层工会是否实施预算绩效管理；

（10）县级以上工会预（决）算是否在工会内部公开，基层工会预（决）算是否向全体工会会员公开［涉密事项的预（决）算除外］；

（11）县级以上工会、工会所属事业单位和基层工会的预算收入、预算支出范围是否混淆。

31 工会经费预算审查发现的问题一般有哪些?

工会经费审查委员会在对预算进行审查时发现的主要问题有:

(1)预算经费收入编制脱离实际,过高或过低编制收入项目;

(2)预算经费支出未体现围绕工会中心工作、重点工作;

(3)预算编制过粗,不精准、不细致、不具体;

(4)当年预算执行中,遇到需要增加或减少预算总支出、动用预备费仍不足以安排支出、需要调减预算安排的重点支出数额、动用预算稳定调节基金等情况而不办理预算调整手续;

(5)预算未经批准就开支除上一年结转的项目支出和必要的基本支出外的支出项目;

(6)对工会所属企事业单位的补助和对下级工会的补助支出预算安排不合规、不合理、手续不齐。

32 工会经费预算执行情况(决算)审查的重点内容是什么?

工会经费审查委员会审查经费预算执行情况(决算)的重点内容是:

（1）决算草案编制，是否符合法律法规和相关制度规定；

（2）决算草案编制，是否做到收支真实、数据准确、内容完整、报送及时；

（3）经费收支活动中有无弄虚作假等违纪违规行为和损害国家、工会、职工利益的问题；

（4）经费收缴、分成、上解是否及时、足额、按比例；

（5）工会所属企事业单位的社会效益、经济效益如何，是否体现公益性、服务性原则；

（6）专用基金、预备费、预算稳定调节基金的设置、提取，使用时是否符合规定；

（7）重大项目支出决策、立项、招投标、预算、决算、验收等是否符合规定，是否经过审计。

33 工会经费预算执行情况（决算）审查发现的问题一般有哪些？

工会经费审查委员会在对预算执行情况（决算）进行审查时发现的主要问题有：

（1）收入预算不能完成，经费收入任务未达到目标；

（2）超预算支出且未办理预算调整手续；

（3）支出预算完成率偏低；

（4）经费收缴、分成、上解不及时、不足额，未按规定比例分成；

（5）工会所属企事业单位效益不佳，经营管理出现问题；

（6）工会投资未取得收益，投资收回难度大，出现较大投资风险；

（7）不按规定设置、提取、使用专用基金，设置了《工会会计制度》规定范围外的专用基金；

（8）重要项目支出、重大投资决策未按规定履行相关程序和手续；

（9）对以前年度审查提出的意见和建议未及时整改。

34 工会资产管理情况审查的重点内容是什么?

工会经费审查委员会审查工会资产监督管理情况的重点内容有：

（1）工会资产监督管理机构是否健全，人员是否配备；

（2）工会资产监督管理相关制度是否完善、有效；

（3）工会资产取得的社会效益、经济效益情况如何；

（4）工会资产的取得和处置等重大决策过程是否符合规定，手续是否完备；

（5）以前年度对资产管理情况进行审查提出的意见和建议是否整改。

35 工会资产管理情况审查发现的问题一般有哪些？

工会经费审查委员会审查工会资产监督管理情况时发现的主要问题有：

（1）工会资产被当成国有资产、企业行政资产处置；

（2）工会监督管理监督机构不健全，工作人员配备不齐；

（3）工会资产监督管理相关制度不够完善，得不到有效执行；

（4）工会资产取得的社会效益、经济效益不佳，未建立资产管理、运营、经营的绩效评价体系和激励机制；

（5）工会资产的取得和处置等程序不符合规定，未办理相关手续，未取得土地、房屋等产权证件。

36 工会经费审查委员会全体会议审查哪些事项？

工会经费审查委员会全体会议审查以下事项：

（1）工会经费收支预算情况；

（2）工会经费收支预算执行情况；

（3）工会资产监督管理情况；

（4）工会所属企事业单位财务收支和资产管理情况；

（5）工会经费审查委员会认为有必要审查的其他事项。

37 工会经费审查委员会常委会会议审查哪些事项？

工会经费审查委员会常委会会议审查以下事项：

（1）对提交工会经审会全体会议审查的经费收支预算、预算执行情况（草案）及财务、资产管理部门的报告和有关明细资料进行初步审查；

（2）对工会上半年工会经费收支预算执行情况和资产监督管理情况进行审查；

（3）对工会经费收支预算调整方案进行审查，并将审查结果在下次工会经审会全体会议上通报；

（4）对工会重大投资决策、建设项目及其他重要经济事项进行审查；

（5）工会经审会常委会会议认为有必要审查的其他事项。

GONG HUI
JING SHEN GONG ZUO
BAI WEN BAI DA

第四部分

审计实务

38 工会审计的定义是什么?

工会审计是指各级工会经费审查委员会依照法律法规、制度规定的职责、权限和程序，对工会经费收支、资产管理等全部经济活动的真实、合法与效益实施的审计监督。其审计主体是各级工会经审会及其办公室，审计客体是本级工会及其所属企事业单位和下一级工会及其所属企事业单位，审计对象是被审计单位的预算执行情况、财务收支、资产管理等经济活动。工会审计接受国家审计机关的监督和指导。

工会经审会依照《中华人民共和国工会法》《中华人民共和国审计法》和《中国工会章程》独立履行审计监督职责，被审计单位及有关个人不得拒绝和阻碍工会审计人员执行公务，不得打击报复工会组织审计人员。

工会审计的作用是促进工会组织贯彻执行国家和工会的法律法规和制度，确保工会经费的正确使用，更好地为职工群众服务；促进工会经费的收缴工作，增加工会经费的收入；促进工会组织的群众化、民主化进程；促进工会改善管理，不断健康发展。

39 工会审计是内部审计吗?

工会审计是内部审计，但与一般的内部审计有所区别，属于特殊的内部审计。

首先，工会审计属于工会系统的内部审计，有自己的审计条例，有统一领导的组织体制，有一系列审计制度和办法，形成了一整套完整的监督制约体系。

其次，工会审计是由经同级工会会员（代表）大会选举产生的经审会实施的审计，经审会向同级工会会员（代表）大会负责并报告工作，而一般的内部审计是向单位法人负责，工会审计的层级更高。

最后，工会经审会在开展对下一级工会和所属企事业单位的审计时，由于被审计单位具有独立的法人资格，这种审计又具有一定的外部性。

40 工会审计与国家审计的关系是什么?

我国的国家审计属于党和政府领导下的审计，工会审计和国家审计之间是相互联系、相互依存的关系。

《中华人民共和国工会法》第四十五条规定：工会经费的使用应当依法接受国家的监督。《中华人民共和国审计法》第二十五条和第三十条规定：内部审计和社会审计都必须接受国家审计机关的业务指导和监督。《中国工会审计条例》第九条规定：工会审计应当接受国家审计机关的指导。各级工会经审会接受审计机关指导的主要途径是：一是依据《中华人民共和国审计法》和审计署《关于内部审计工作的规定》等法律法规，制定完善工会审计方面的条例和规章制度；二是参加同级审计机关召开的工作会议，学习贯彻会议精神和有关要求；三是配合审计机关对政府补助工会或委托工会管理的专项资金使用情况进行审计；四是接受审计机关的工作考评，参加审计系统的评先创优活动；五是参加审计部门举办的业务培训及理论研讨活动等。

41 工会审计与社会审计的关系是什么？

工会审计与社会审计的关系是委托与被委托、服务与被服务的关系。

工会经审组织主要依靠自身的力量，实施审计监督工作。在此前提下，根据实际需要也可以依托社会审计力量，帮助完成审计任务。根据《中国工会审计条例》第二十一条的规定：

经审会根据工作需要，可以委托具有相应资质的社会中介机构对有关事项进行审计；可以聘请具有审计、财会等专业资格和职业能力的人员参与审计工作。经审会应当加强对外聘社会中介机构和人员的指导检查、监督评价和质量控制，对审计方案、审计工作底稿、审计报告等进行审核，根据审计工作完成情况，建立考评和退 出机制。

在当前工会收支总额日益增长、经济业务越来越复杂、审查审计任务越来越繁重、审计质量要求越来越高的情况下，工会经审组织可以委托社会中介机构进行审计，特别是一些鉴证性较强、需要专门机构认可的审计项目，如工会建设项目竣工结算（决算）审计、工会所属企事业单位法人更换、办理相关证照所需审计等。

42 工会审计主要有哪些类型？工会审计主要有哪些方法？

工会审计是促进工会组织贯彻执行国家和工会的法规和制度，监督工会经费的正确使用，更好地为职工群众服务；促进工会经费的收缴工作，增加工会经费的收入；促进工会组织的群众化、民主化进程；促进工会改善管理，不断健康发展；促进工会党风廉政建设，担当工会免疫系统功能。

工会审计的主要类型有：工会经费预算执行情况审计、工会经费计拨情况审计、专项资金管理使用情况审计、工会建设项目审计、工会领导干部经济责任审计、工会企事业单位财务收支审计、工会企事业单位经济效益审计、其他专项审计等。

工会审计的主要方法有两类：一是审计基本方法，包括审计调查、分析、调整和报告等；二是审计技术方法，包括顺查法与逆查法、详查法与抽查法、核对法、审阅法、查询法、分析法、盘存法、实验鉴定法、符合性测试法、风险导向法、计算机辅助法等。

43 工会审计主要有哪些方式?

工会审计的主要方式有：就地审计、报送审计、突击审计、联合审计、委托审计、授权审计、审计调查等。

（1）就地审计是指工会经审会派出审计小组或审计人员到被审计单位所在地进行的审计；

（2）报送审计是指工会经审会按照工会审计的规定和要求，通知被审计单位将应该审计的全部材料，如期报送到工会经审会指定的地点进行的审计；

（3）突击审计是指在实施审计前，有关审计时间、范围和目的等情况不通知被审计单位而进行的审计，一般是针对某些重要项目或需要防止弄虚作假的项目进行突然、迅速、保密的审计；

（4）联合审计是指由两个或两个以上的审计机构（组织）共同组成审计组进行的审计；

（5）委托审计是指工会经审会将其审计范围内的审计事项委托给另一家审计机构进行的审计；

（6）授权审计是上级工会经审会根据审计工作的需要，将其审计管辖范围内的审计事项，授权下级工会经审会进行的审计；

（7）审计调查是工会经审会就工会经济活动中出现的带有倾向性、普遍性的重大问题，通过调查分析，为工会加强领导和进行宏观决策提供有效信息和建议的一种审计方法。

44 工会审计的内容有哪些？

根据《中国工会审计条例》第二十一条的规定，经审会对本级工会及其所属企事业单位和下一级工会的下列事项进行审计：

（1）贯彻落实党和国家相关重大经济社会政策措施以 及全国总工会决策部署情况；

（2）与经济活动有关的发展规划、战略决策、重大措 施以及年度业务计划执行情况；

（3）经费预算编制和调整、预算执行、决算草案以及 其他财务收支情况；

（4）经费计提和拨缴情况；

（5）专项资金物资的筹措、拨付、管理和使用情况；

（6）资产的管理、使用和处置情况；

（7）本级工会及其所属企事业单位建设项目情况；

（8）本级工会及其所属企事业单位对外投资情况；

（9）内部控制及风险管理情况；

（10）经费使用效益和资产经营效益情况；

（11）撤并时的财务清算情况；

（12）工会管理和委托其他单位管理的社会捐赠资金、各类基金的收支情况；

（13）其他需要审计的有关事项。

以上事项，必要时可以进行延伸审计。

45 工会经费审查委员会在审计时有哪些权限？

根据《中国工会审计条例》第四章的规定，工会经审会在审计时有以下权限：

（1）有权要求被审计单位提供财务、会计资料以及与财务收支有关的业务、管理等资料，包括电子 数据和有关文档。被审计单位不得拒绝、拖延、谎报。

（2）有权检查被审计单位的财务、会计资料以及与财务收支有关的业务、管理等资料 和资产，有权检查被审计单位信息系统的安全性、可靠性、经济性，被审计单位不得拒绝。

(3) 有权就审计事项的有关问题向有关单位、部门和个人进行调查和询问，并取得有 关证明材料。有关单位、部门和个人应当配合、协助经审会工作，如实向经审会反映情况，提供有关证明材料。

(4) 有权对可能被转移、隐匿、篡改、毁弃的财务、会计资料以及与财务收支有关的业务、管理等资料，采取暂时封存的措施。

（5）有权对正在进行的严重违法违规、严重损失浪费行为及时向单位主要负责人报告，经同意作出临时制止决定。

（6）有权提出纠正、处理违法违规行为的意见和改进管理、提高绩效的建议。

（7）有权对审计结果以适当方式进行通报。

（8）有权对违法违规和造成损失浪费的被审计单位和人员，给予通报批评或者提出追究责任的建议。

(9) 对严格遵守财经法规、经济效益显著、贡献突出的被审计单位和个人，可以向单位党组织、主要负责人提出表彰建议。

46 工会审计程序有哪几个阶段?

工会审计程序一般分为三个阶段：准备阶段、实施阶段、终结阶段。

（1）准备阶段：根据同级工会委员会的工作部署和上级经审会的要求，制订年度审计工作计划；根据年度审计工作计划，确定审计项目，成立审计组，制订审计实施方案；审计前通知被审计单位，一般在实施审计 3 个工作日前向被审计单位送达审计通知书，一并送达被审计单位承诺书和要求被审计单位提供审计资料的清单。

（2）实施阶段：召开审计进点会、听取被审计单位介绍情况；交接相关资料，取得被审计单位承诺书；实施审计，取得审计证据；向有关单位、个人进行调查；编制审计工作底稿，审计工作底稿要求被审计单位相关负责人签署意见。

（3）终结阶段：归集审计工作底稿，进行综合分析，提出审计报告征求意见稿；征求被审计单位意见，要求 10 天之内回复；经审会核实、研究，审核后出具审计报告；被审计单位整改，30 日内书面报送整改情况；开展审计整改督查，进行检查和审计回访；立卷归档。

47 工会审计的准备阶段要重点做好哪些工作?

工会审计的准备阶段要重点做好以下工作：

一是根据同级工会委员会的工作部署和上级经审会的要求，

制订年度审计工作计划，要根据自身的实际情况，既要考虑审计范围的全覆盖，又要考虑突出审计重点和围绕工会中心工作；既要履行好审计监督职责，又要考虑审查审计工作有所创新和突破。

二是根据年度审计工作计划确定审计项目后成立审计组，审计组由组长和审计组其他成员组成，实行组长负责制，组长由经审会指定，应由工作能力强、业务素质高的同志担任，组长可以在审计组成员中确定主审。

三是由审计组制定审计方案，审计方案是全面把握审计进程的重要措施，是提高审计工作效率和效果的必要措施。审计组应根据被审计单位的实际情况，对整个审计过程的具体内容和实施步骤制定预先安排的审计方案，包括审计对象、审计目的、审计范围和重点、审计依据、审计步骤、审计形式、审计组织分工与配合和时间进度，以及其他应注意的审计事项等内容。

48 工会预算执行情况审计的重点内容是什么？

工会经费预算执行情况审计，是指工会经审会对同级工会和下一级工会预算执行情况以及其他财务收支的真实性、合法性和效益性进行的审计。

工会预算执行情况审计的重点内容有：预算收入执行情况、

预算支出执行情况、投资及往来账款情况、经费结余情况、有无编报虚假项目预算、有无套取拨款和挤占挪用专项资金、是否按照规定真实地编制决算、是否存在虚列预算支出等行为、有无弄虚作假和虚报冒领问题、有无截留挪用资金、有无私设小金库问题、预算调整是否合规等。

49 工会企事业单位财务审计的重点内容是什么?

工会企事业单位财务审计，是指经审会对工会所属企事业单位财务收支等经济活动的真实性、合法性和效益性进行审计。

工会企业单位财务审计的重点内容有：

（1）企业的会计资料，包括会计报表、会计账簿和会计凭证的真实性、合法性、公允性和一贯性；

（2）企业的资产，包括流动资产、长期投资、固定资产及其累计折旧、在建工程、无形资产、递延资产和其他资产的安全完整性、保值增值情况；

（3）企业的负债，包括流动负债和长期负债的情况；

（4）企业的所有者权益，包括实收资本、资本公积、盈余公积和未分配利润的真实性、合法性；

（5）企业的损益，包括收入、成本费用和利润的情况；

（6）企业有关经济合同、协议履行情况。

工会事业单位财务审计的重点内容有：

（1）事业收入和支出的真实性、合法性、合理性和完整性；

（2）资产的管理、使用、处置、安全和完整情况；

（3）收支预算及其完成情况；

（4）资金收支和相关凭证、收据、票单是否相符；

（5）财产物资管理、使用及相关制度情况；

（6）有关经济合同、协议履行情况；

（7）会计核算的正确性。

50 工会企事业单位经济效益审计的重点内容是什么？

工会企事业单位经济效益审计是指经审会对工会所属企事业单位的经济活动实现经济效益的情况进行审计，目的是通过对企事业经济活动的经济性、效率性和效果性进行审核、分析和评价，以促进经济效益的提高。

工会企业单位经济效益审计的重点内容有：

（1）总体经济效益是否取得了预期的经营成果、完成了计划任务；

（2）主要业务经营活动是否真实、合法、合规；

（3）对外投资、固定资产购建与改造、新产品开发、市场开发等活动是否合理有效；

（4）经营决策、目标计划、内部控制等管理职能活动是否符合规定的程序；

（5）资源的投入与利用情况如何等。

工会事业单位经济效益审计的重点内容有：

（1）整体事业经营情况和完成经济目标任务情况如何；

（2）各项事业收入、事业支出是否具有真实性、合法性、效益性；

（3）资产管理、使用的真实性、完整性和效益情况如何；

（4）各项专用资金的使用是否符合政策规定，有无挤占挪用的现象；

（5）投资的决策、管理和效益情况如何等。

51 工会建设项目审计的重点内容是什么？

工会建设项目审计是指经审会对各级工会及其所属企事业单位为出资人或者为主要出资人的单项金额在 5 万元以上的建筑工程和安装工程建设项目竣工结算、决算的真实性、合法性和效益性进行的审计。

工会建设项目竣工结算审计的重点内容有：

（1）建设项目立项审批手续；

（2）招投标情况；

（3）工程价款的结算情况；

（4）施工、监理等单位的资质；

（5）工程造价；

（6）其他审计事项。

工会建设项目竣工决算审计的重点内容有：

（1）建设资金筹措的情况；

（2）建设资金的支付及账务处理；

（3）竣工决算的编制；

（4）工程造价与批复、设计概算的对比分析；

（5）结余资金及剩余设备；

（6）其他审计事项。

52 工会经费计拨审计的重点内容是什么？

工会经费计拨审计是指经审会对企事业单位、机关、其他组织工会经费（筹备金）的计提、申报、拨缴、上解等情况进行的审计。

工会经费计拨审计的重点内容有：

（1）企事业单位、机关和其他组织的全部职工人数、工资总额及其构成是否符合国家有关规定，行政计拨工会经费（筹备金）金额计算是否准确，拨缴是否足额、及时；

（2）工会经费的留成和上解比例计算是否真实、正确，上解经费是否及时、足额，有无截留、挪用情况；

（3）收缴工会经费时是否正确开具和取得工会经费拨缴款专用收据。

53 工会专项资金审计的重点内容是什么？

工会专项资金审计是指经审会对上级工会拨入、本级工会预算安排、政府财政或相关部门拨入、企事业单位及个人捐赠等汇集的专项帮扶资金、“送温暖”资金、劳模专项资金、救灾慰问款、职工医疗互助金等具有特定用途的资金组织实施的审计。

工会专项资金审计的重点内容有：

（1）是否遵循国家、工会关于专项资金管理的相关规定及工会的内部控制制度；

（2）专项资金收入是否全部入账，现金和银行存款是否账实相符；

（3）专项资金拨付使用是否按规定用途专款专用，审批、签收等手续是否健全，票据管理是否完善，有无截留、挪用资金和虚列支出等问题；

（4）专项资金使用是否及时、发放标准是否统一；

（5）专项资金的分配手续是否完善、程序是否合规；

（6）专项资金发放的对象是否符合相关政策的规定，有无优亲厚友、弄虚作假、扩大发放范围等问题；

（7）专项资金的经济效益、社会效益如何；

（8）专项资金的会计核算是否准确；

（9）专项资金涉及的发放人员的档案资料、信息化管理情况是否符合要求。

54 工会领导干部经济责任审计的重点内容是什么？

工会领导干部经济责任审计的重点内容有：

（1）遵守国家财经法规和工会有关规定情况；

（2）本单位（部门、系统）预算执行与其他财政收支、财务收支的真实、合法和效益情况；

（3）重要投资项目的建设和管理情况；

（4）重要经济事项决策管理制度的合法性和效益情况；

（5）资产管理、使用及效益情况等；

（6）债权、债务真实情况；

（7）内部控制制度建立及其执行情况；

（8）遵守有关廉洁从政（从业）规定情况及其他需要审计的事项。

工会企事业单位领导干部经济责任审计的重点内容有：

（1）遵守国家财经法规、工会和本单位制度、规定情况；

（2）任职期间经济目标完成情况，资产、负债、所有者权益的真实情况，盈亏虚实及经济效益情况；

（3）资产的安全、完整和保值增值情况；

（4）投资、经营决策程序及成效情况；

（5）收益的分配情况；

（6）政府补助、上级工会拨款、专项资金的使用情况；

（7）内部控制制度建立及其执行情况；

（8）遵守有关廉洁从政（从业）规定情况及其他需要审计的事项。

55 工会经费绩效审计的重点内容是什么?

工会经费绩效审计是指经审会对工会及工会所属企事业单位经费支出和经济活动的经济性、效率性、效果性及资金使用效益进行的审计。

工会经费绩效审计的重点内容有：

（1）经费预算支出完成效率情况；

（2）重大投资、重要项目、大额资金支出产生的经济、社会效益情况；

（3）有无资金沉淀闲置、损失浪费和改变用途情况；

（4）重大支出项目是否达到预期目的；

（5）项目实施后职工会员反映的效果情况如何；

（6）直接用于服务职工群众的支出占总支出比例情况如何等。

56 审计通知书包括哪些内容？什么时间送达？

审计通知书是工会经审会在实施审计前，通知被审计单位或个人接受审计并做好相关准备工作的书面文件。

审计通知书包括以下内容：

（1）审计项目名称；

（2）被审计单位名称或者被审计人员姓名；

（3）审计范围和审计内容；

（4）审计时间；

（5）需要被审计单位或被审计人员提供的资料及其他必要的协助要求；

（6）审计组组长及审计组成员名单；

（7）内部审计部门的印章和签发日期。

审计通知书一般在审计实施前 3 天送达被审计单位，特殊情况如突击审计可在实施时送达。

57 被审计单位为什么要出具审计承诺书?

审计承诺书是被审计单位按照审计机构的要求，就其提供的会计凭证、会计账簿、会计报表及其他有关财务收支情况的真实性和完整性作出保证，由单位负责人和财务主管签订的书面文件，是为加大审计执法力度，而设定的一项必要程序。被审计单位应当对所提供审计资料的真实性和完整性作出书面承诺，并为开展审计工作提供必要的条件。

被审计单位应当出具审计承诺书的原因是：

（1）分清被审计单位的责任和实施审计单位的责任；

（2）明确被审计单位义务，保证其出具的审计材料真实可信，以此降低审计风险；

（3）提高审计的权威性。

58 如何取得审计证据?

审计证据是审计人员在实施审计业务中，依法依规并通过实施审计程序所获取的，用以证实审计事项，支持审计结论、意见和建议的各种事实依据。包括审计人员调查了解被审计单位及相关情况和对确定的审计事项进行审查所获得的证据。

审计人员取得审计证据应当做到：

（1）通过审核、观察、监盘、访谈、调查、函证、计算、分析程序等方法取得审计证据；

（2）取得的审计证据具有合法性、相关性、互证性、充分性、适当性、完整性、可靠性；

（3）将获取的审计证据名称、来源、内容、时间等，完整、清晰地记录于审计工作底稿中；

（4）由证据提供者签名或者盖章，如果证据提供者拒绝签名或者盖章，审计人员应当注明原因和日期；

（5）对获取的审计证据进行分类、筛选和汇总。

59 怎样编制审计工作底稿?

审计工作底稿是审计人员在审计过程中实施审计程序、获取审计证据、得出审计结论所形成的工作记录。包括综合类工作底稿、业务类工作底稿、备查类工作底稿。

审计人员编制审计工作底稿应当做到：

（1）内容完整、记录清晰、结论明确，客观地反映项目审计方案的编制及实施情况，以及与形成审计结论、意见和建议有关的所有重要事项；

（2）为编制审计报告提供依据，能证明审计目标的实现程度，为检查和评价审计工作质量提供依据，能证明审计机构和审计人员是否遵循审计准则，并为以后的审计工作提供参考；

（3）包括被审计单位的名称、审计事项及其期间或者截止日期、审计程序的执行过程及结果记录、审计结论、意见及建议、审计人员姓名和审计日期、复核人员姓名和复核日期以及复核意见、索引号及页次、审计标识与其他符号及其说明等。

60 怎样撰写审计报告？

审计报告是审计人员根据审计计划对被审计单位实施必要的审计程序，获取充分的审计证据，并整理、审核、汇总审计工作底稿后，就被审计事项作出审计结论，提出审计意见和审计建议的书面文件。

审计报告主要包括标题、收件人、正文、签章、报告日期、其他内容等要素。

审计报告撰写时应当做到：

（1）实事求是、不偏不倚地反映被审计事项的事实；

（2）要素齐全、格式规范，完整反映审计中发现的重要问题；

（3）逻辑清晰、用词准确、简明扼要、易于理解；

（4）充分考虑审计项目的重要性和风险水平，对于重要事项应当重点说明；

（5）针对被审计单位业务活动、内部控制和风险管理中存在的主要问题或者缺陷提出可行的改进建议，以促进被审计单位实现财务、资产管理和经济活动规范、高效的目标。

61 审计报告包括哪些主要内容？

审计报告主要包括以下主要内容：

（1）审计概况，包括审计目标、审计范围、审计内容及重点、审计方法、审计程序及审计时间等；

（2）审计依据，即实施审计所依据的相关法律法规、内部审计准则等规定；

（3）被审计单位基本情况；

（4）审计发现，即对被审计单位的业务活动、内部控制和风险管理实施审计过程中所发现的主要问题的事实；

（5）审计结论，即根据已查明的事实，对被审计单位业务活动、内部控制和风险管理所作的评价；

（6）审计意见，即针对审计发现违反国家财经法纪和工会制度规定的主要问题及提出的处理意见；

（7）审计建议，即针对审计发现的主要问题，提出的改善业务活动、内部控制和加强管理的建议；

（8）审计整改要求。

62 审计报告应当如何征求被审计单位意见？

审计报告一般由主审负责撰写初稿，审计组内部应当进行充分讨论、修改，经审计组组长审核、定稿后才能征求被审计单位意见。被审计单位收到审计报告征求意见稿后，应当及时组织相关部门研究报告内容，并在10日内向审计组回复书面意见，书面回复应经主要领导签字后加盖公章，逾期不回复的，视同无意见。被审计单位对审计报告中的内容有不同意见的，应提供相应的证明材料；审计组应当进一步核实相关情况，如有必要应对审计报告进行修改。如有重要情况或重大问题需要修改审计报告，应报派出审计组的经审会主要领导审核再征求被审计单位意见。

63 收到审计报告或审计决定后，被审计单位有哪些工作要做？

被审计单位收到审计报告或审计决定后，应召开有全体领导班子成员和相关部门负责人参加的会议，传达审计报告或审计决定，作出做好审计整改的安排、部署和决议，认真进行整改，并在30日内将整改落实情况书面报告给出具审计报告或审计决定的经审会。如对审计决定不服，可以向出具审计决定的上一级经审会书面申请复审，复审期间被审计单位应执行原审计决定。

64 工会经费审查委员会如何督促被审计单位整改?

根据全总经审会印发的《工会审计整改督查暂行办法》的规定，经审会负责组织实施审计整改督查工作。审计整改督查是工会经审会对被审计单位落实审计决定和审计意见的情况进行的检查和回访。审计整改督查的主要内容有：

（1）被审计单位执行审计的决定情况；

（2）被审计单位对审计意见的整改落实情况；

（3）被审计单位对移送处理事项的落实情况；

（4）被审计单位对审计建议的处理情况。

被审计单位存在的一般性问题，可在下一次对该单位审计时进行审计整改督查。

被审计单位存在下列情况之一的，应当单独采取实地检查方式进行审计整改督查：

（1）存在严重违法违规问题的；

（2）明确提出对审计决定和审计意见不采取整改措施的；

（3）在规定期限内未提交书面整改报告的；

（4）对审计决定和审计意见的整改不充分的；

（5）对审计决定和审计意见的整改措施不适当的；

（6）对审计决定和审计意见的整改要求有异议或误解的；

（7）非定期审计项目；

（8）经审会认定的其他情况。

65 工会审计文书包括哪些？

工会审计文书是工会审计人员在审计工作中，依照必要的程序和手续，因业务需要而制作并经领导签发的各类文书的总称，是审计工作的重要文字凭证，是记录和报告审计情况和成果、发布审计结论和决定、处理审计事务、传送意图的重要工具。

根据全总经审会印发的《工会审计业务公文处理的规定（试行）》及实际工作发展，工会审计文书主要包括审计通知书、被审计单位承诺书、审计取证单、审计工作底稿、审计报告征求意见书、审计报告、审计决定、审计整改情况表等。

66 工会审计档案应当如何建档和管理?

根据《中国工会审计条例》第四十五条的规定，经审会对办理的审计项目、专项审计调查、审计复审、审计整改监督检查等，按照工会审计业务公文处理规定和审计档案管理规定建立档案。

（1）立卷时，应当遵循按性质分类、按单元排列、按项目组卷原则；

（2）应当坚持谁审计、谁立卷的原则，做到审结卷成、定期归档；

（3）应当按审计项目立卷，不同审计项目不得合并立卷，跨年度的审计项目，在审计终结的年度立卷；

（4）审计档案材料应当真实、完整、有效、规范，并做到遵循档案材料的形成规律和特点，保持档案材料之间的有机联系，区别档案材料的重要程度，便于保管和利用；

（5）应当建立审计档案工作管理制度，明确规定审计档案管理人员的要求和责任，审计组组长应当对审计档案的质量负主要责任。

67 工会审计档案材料主要包括哪些类别?

工会审计档案材料主要包括以下几类：

（1）立项类材料：审计委托书、审计通知书、审计前调查记录、审计方案等；

（2）证明类材料：审计承诺书、审计工作底稿及相应的审计取证单、审计证据等；

（3）结论类材料：审计报告、审计报告征求意见书、被审计单位的反馈意见等；

（4）备查类材料：审计项目回访单、被审计单位整改情况报告、与审计项目相关的其他材料等。

68 工会审计档案应当如何排列?

工会审计档案材料应当按下列四个单元排列：结论类材料，按逆审计程序、结合其重要程度予以排列；证明类材料，按与项目审计方案所列审计事项对应的顺序、结合其重要程度予以排列；立项类材料，按形成的时间顺序、结合其重要程度予以排列；备查类材料，按形成的时间顺序、结合其重要程度予以排列。

审计档案内每组材料之间的排列要求：正件在前，附件在后；定稿在前，修改稿在后；批复在前，请示在后；批示在前，报告在后；重要文件在前，次要文件在后；汇总性文件在前，原始性文件在后。

GONG HUI
JING SHEN GONG ZUO
BAI WEN BAI DA

第五部分

常见问题

69 工会审计发现内部控制制度方面的问题一般有哪些？

工会审计发现内部控制制度方面的问题主要有：

（1）内部控制制度不健全、执行不严格，如财务审批程序控制制度不明确，有制度不按制度规定办理等；

（2）与经济相关岗位人员配备不合理，不相容职务未做到按规定相互分离、制约和监督，如会计与出纳、开票与收款、采购与付款等业务由同一个人完成，多个U盾由同一个人保管等；

（3）重大事项决策和执行未按规定分离制约，如重大采购项目由同一领导、同一部门决策和执行等；

（4）忽视风险控制，造成巨大隐患甚至损失，如违反《现金管理暂行条例》存放大量现金，应通过银行转账支付的大额款项使用现金支付等；

（5）部门之间缺少沟通合作，相互协调配合不够，如财务部门与其他业务部门之间，在发生经济业务时沟通、配合不够、职责不明确，造成工作推进迟缓或损失浪费。

70 工会审计发现执行《基层工会经费收支管理办法》方面的问题一般有哪些?

工会审计发现执行《基层工会经费收支管理办法》方面的问题主要有：

（1）不依法依规收取会员会费，不收或少收应由会员个人主动交纳的会费，有的简单收取固定金额的会费，如每月10元／人；

（2）行政补助收入不规范，行政不给予工会补助或随意大量补助，申请行政补助未附申请报告等相关资料；

（3）工会收入超出范围，不按照依法获取的要求加强经费收入的管理，把不属于工会的、应当由行政或其他单位记收入的经费纳入工会收入管理，如行政名下的房屋、门面租金、单位废旧物资处理收入等；

（4）工会支出超出范围，把不应当在工会列支的、应当由行政或会员个人支付支出违规在工会开支，未严格执行工会经费支出“八不准”的规定，如将党建、团委、妇联的活动和奖励支出在工会列支，防寒防暑、出勤奖励等费用在工会列支；

（5）组织工会活动时支出不符合规定，如春游、秋游时支出超标准、未当日往返，文体活动既发奖金又违规发放纪念品等；

（6）生日、节日等福利发放不符合规定，如超标准发，超范围发给非本会会员，规定发放实物的发放购物卡或现金等；

（7）慰问支出不符合规定，如慰问生病住院职工、困难职工时金额超标准，超范围慰问非本会会员，支出手续不完善等；

（8）不单独设立银行账户独立核算，如将工会账在行政其他应付款科目核算；

（9）不编制预算、决算，如年度无经费支出预算、决算，组织活动等不编制项目经费预算等；

（10）文体比赛发放奖励超出规定的比例，违规同时发放奖金和纪念品，支出附件不齐全等；

（11）违反财政部、监察部《关于党政机关及事业单位用公款为个人购买商业保险若干问题的规定》，用公款违规为会员个人购买商业保险的行为。

71 工会审计发现财务基础工作方面的问题一般有哪些？

工会审计发现财务基础工作方面的问题主要有：

（1）工会会计机构、财务人员配备不齐全，资质不符合要求，特别是基层工会存在会计、出纳直接经办采购、保管业务等现象；

（2）财务人员工作调动或者因故离职，未按规定办理交接手续，并由工会经审会派出人员监交；

（3）发生经济业务会计处理不及时，出纳没有做到日清月结；

（4）相同经济业务，会计核算未保持口径一致；

（5）实行会计电算化后，总账、明细账不及时打印，出纳不再登记现金、银行存款日记账，会计、出纳不互相监督并签字；

（6）原始凭证、记账凭证的内容不完整，审核、审批签字手续不完善；

（7）财务报告、会计报表等内容不完整、不准确，报送不及时，签字手续不完善。

72 工会审计发现执行《工会会计制度》方面的问题一般有哪些？

工会审计发现执行《工会会计制度》方面的问题主要有：

（1）不按规定设置会计科目对工会经费收支业务进行核算，随意增加一级科目；

（2）不按规定的科目使用范围使用会计科目，如将职工活动支出列入补助下级支出等；

（3）指定用途的资金未按规定的用途专款专用，并在会计核算时单独反映；

（4）日常活动中耗用的大批量材料、物品等不按规定在库存商品科目中核算，而是直接在支出科目中列支；

（5）取得、处置固定资产不按规定及时登记固定资产和固定基金科目；

（6）混淆使用借入款和其他应付款科目、借出款和其他应收款科目；

（7）利用往来科目虚列收入或支出，造成会计核算不准确，不能真实反映所发生的经济事项。

73 工会审计发现专项资金管理方面的问题一般有哪些？

工会审计发现专项资金管理方面的问题主要有：

（1）管理制度不健全，如有的专项资金明确要求制定相关实施细则，部分单位未及时制定；

（2）制度执行不严格，如有的专项资金管理制度规定要达到一定的条件才能支付，但在实际工作中不严格执行；

（3）业务流程不规范，如困难职工帮扶资金发放时要求先建档后帮扶，但实际发放时未做到，如劳模专项资金和帮扶资金要求通过银行转账发放，但仍存在现金发放现象；

（4）使用标准不统一，分配、发放随意性大，同等情况差别大，存在优亲厚友现象；

（5）分配拨付不及时，上级工会和财政拨入的专项资金长时间滞留在本级工会，有的困难职工帮扶资金拨到帮扶中心以后不按规定及时使用，有的年末结余大，跨年度使用；

（6）支付手续不完善，如专项资金发放的无实名制发放表，采购物资发放无实名制签收表，按规定需要的证明资料、附件不齐全，存在代签代领、违规拨入其他单位等问题；

（7）发放对象不合规，如随意扩大专项资金使用范围，将不符合补助条件者纳入帮扶、慰问的补助对象，将全国劳模资金调剂到省、市、县劳模资金使用，劳模体检费与慰问金一道直接发放等；

（8）会计核算不规范，如不按会计制度、核算办法、预算管理办法的规定核算专项资金收支，将未及时使用的专项资金挂往来科目，使用科目不准确，同一业务核算方式不一样，专项资金未按“中央、省财政、地方财政、工会配套”等来源设置等；

（9）未按专项资金管理办法的规定积极争取地方财政的配套资金达到规定比例，未按规定比例配套安排本级工会的专项资金预算支出等；

（10）沟通配合不协调，如涉及专项资金管理的各部门之间沟通、交流、通报、协调不够，上下级相关部门之间检查、指导、汇报、请示不够等。

74 工会审计发现货币资金管理方面的问题一般有哪些？

货币资金包括库存现金和银行存款，具有流动性强、使用方便、收付频繁、容易出现问题、管理要求高等特性。工会审计发现货币资金管理方面的问题主要有：

（1）现金余额过大，账面、盘点都远远超出国务院《现金管理暂行条例》的规定；

（2）存在白条抵库、坐收坐支等现象，借款手续不齐全；

（3）按规定应通过银行转账支付的大额支出违规通过现金支付；

（4）实行会计电算化后，出纳不及时登记银行存款、库存现金日记账，会计、出纳签字、核对余额等相互监督、相互制约手段不到位；

（5）转账支付时收款人与发票上收款人不一致，或收款人与合同、协议乙方不一致；

（6）随意多头开设银行账户，将资金分别存入多个银行账户，增加管理难度；

（7）将工会结余资金违规购买理财、保险产品，甚至参与非法集资、公款私存等；

（8）违规出借银行账户给其他单位或个人，给本单位带来舞弊、贪腐、法律风险。

75 工会审计发现“三公”经费管理方面的问题一般有哪些？

工会审计发现“三公”经费管理方面的问题主要有：

（1）不执行或不严格执行中央、全总以及当地党委、政府、财政关于严格控制“三公”经费支出的规定；

（2）编制“三公”经费支出预算未按上级工会、同级党委政府的要求逐年减少；

（3）未按规定严格办理“三公”经费支出审批手续，必要的附件不齐全，如缺少接待公函、接待清单等；

（4）超标准、超范围开支接待费，违规将接待费隐藏于会议费、培训费之中；

（5）公车管理不严，油卡使用、公车修理管理制度不完善，汽油费、修理费支出漏洞大；

（6）巧立名目，在“三公”经费中套取资金，设置“小金库”违规使用；

（7）因公出国（境）审批手续不完善，违规报销出国（境）审批金额之外的费用，住房、用车、用餐费用公款支付超标准。

76 工会审计发现会议费、培训费管理方面的问题一般有哪些?

工会审计发现会议费、培训费管理方面的问题主要有：

（1）预算编制不精细，没有按具体的项目和相应的规模科学编制会议费用、培训费用预算，导致预算执行偏差和风险漏洞都很大；

（2）审批审核不严格，不按规定的程序履行召开会议、组织培训的手续，导致会议、培训管理混乱；

（3）支出附件不完善，会议和培训的通知、日程安排、参加人员签到表、费用原始明细单据、电子结算凭据等资料不完备；

（4）费用超标准、超预算，不严格按照中央和当地党委、政府会议费、培训费管理办法规定费用标准开支，住房、就餐、讲课费超标准；

（5）违规发放物品，在会议费、培训费中为参加人员发放公文包、纪念品等明令禁止开支的物品；

（6）随意购买设备，在会议费、培训费中违规开支购买电脑、打印机、照相机、碎纸机等设备；

（7）弄虚作假，违规将公务接待费隐藏于会议费、培训费之中，违规发放会务费、劳务费、误餐补助等；

（8）违反规定在风景名胜区、五星级酒店开会、培训，安排与培训无关的参观、游览活动等。

77 工会审计发现财务管理方面的问题一般有哪些？

工会审计发现财务管理方面的问题主要有：

（1）财务管理制度不健全，如未制定财务报销审批制度，报销程序未明确必须有经手人、证明人、审批人等内容；

（2）制度执行不到位，制定了财务管理相关制度但不严格执行；

（3）财务审核把关不严，对不符合规定、超标准、超范围的开支予以报销；

（4）会计核算不规范，会计科目使用不正确，造成会计报表反映的工会经费收支结余情况不真实；

（5）收入不能及时收取到位，如应收拨缴、上解的经费不能按规定比例足额收取，房屋等资产出租的租金不能按合同、协议的约定及时收取等；

（6）往来款项长期挂账，债权不及时积极催收，无法收回或支付的呆账未按规定及时清理，造成资产债务不实等现象；

（7）违规发放津补贴、奖金等，在没有充分的政策依据、审批手续和奖励文件的情况下，随意发放津补贴、奖金。

78 工会审计发现票据管理方面的问题一般有哪些？

工会审计发现票据管理方面的问题主要有：

（1）不按规定使用工会经费收入专用收据，一是应开具专用收据的不开，如收到会员缴纳的会费、行政拨缴的工会经费等，二是不属于工会经费收入专用收据使用范围的违规开具，如收房屋租金、往来款项等；

（2）采购物品、接受劳务时取得的发票不合规或者凭白条发票报账，发票的开具单位与签订采购合同、协议的单位不一致，与实际收款单位不一致；

（3）取得的发票项目填写不全，物品名称、单价、数量等不按要求填写清楚，发票后应附电子明细清单的用手写清单代替；

（4）发票上付款单位不是工会，而是行政、其他单位或个人。

79 工会审计发现经费收缴和管理方面的问题一般有哪些？

工会审计发现经费收缴和管理方面的问题主要有：

（1）税务代收工会经费没有做到应收尽收，部分单位没有按照全部职工工资总额计提并上缴工会经费，有的单位与税务协商按任务定额上缴，实际欠缴、漏缴、少缴很多经费；

（2）财政划拨工会经费不能足额到位，有的县级以上工会故意将财政统一划拨工会经费与财政下拨日常经费预算混淆，造成少向上级工会分成上解经费；

（3）大中型企业以经营困难等借口少计提、少上缴工会经费，小微企业不按规定先征后返，而是直接不缴工会经费，有的不符合小微企业认定标准的也享受先征后返工会经费优惠政策；

（4）企事业单位、机关和其他经济组织不严格按照国家统计局《关于工资总额组成的规定》（国家统计局令第 1 号）计算工资总额，未将奖金、绩效工资、津补贴、年薪制工资等规定纳入工资总额中计提、拨缴工会经费；

（5）未按规定将全部人员，包括正式职工、合同制职工、临时性和季节性用工、内退职工等计入全部职工人数中，并以此计算工资总额和计提、上缴工会经费；

（6）未及时成立工会的单位不按规定计提、上缴建会筹备金，有的县级以上工会不及时返还已成立工会的单位筹备金中归属于基层工会的部分经费；

（7）不按《工会会计制度》的规定核算“拨缴工会经费收入”“应付上级经费”等会计科目，甚至出现直接调整“应付上级经费”到“结余”科目等不符合规定的会计处理；

（8）县级以上工会不按规定设置经费收缴台账，不与财政、税务等部门加强联系、沟通和协调，造成应收工会经费的单位、职工人数、工资总额、应收金额等底数不清。

80 工会审计发现基建、维修改造工程管理方面的问题一般有哪些？

工会审计发现基建、维修改造工程管理方面的问题主要有：

（1）基建、维修改造工程立项、审批、编制概算、预算等手续不健全，概算、预算未经审核和审计，达到一定金额的工程未按规定进行公开招、投标；

（2）工程项目变更、概算变更未按规定办理审批手续，相关资料不齐全；

（3）工程完工后未及时办理竣工验收和结算，超过 5 万元以上的项目未经审计后就付款；

（4）不按工程合同规定预留质保金，工程未达到付款条件就提前支付工程款项；

（5）工程会计核算不严格遵守《工会会计制度》的相关规定，未将与工程项目相关的全部支出列入在建工程和在建工程占用资金科目中核算。

81 工会审计发现往来款项方面的问题一般有哪些?

工会审计发现往来款项方面的问题主要有：

（1）往来款项长期挂账，债权不及时催收；

（2）长期挂账且无法收回或支付的呆账未按规定及时清理；

（3）不按规定设置明细账，不按往来单位、个人设置明细账，进行明细核算；

（4）往来款项会计核算不准确，不按照《工会会计制度》

规定的科目使用范围核算与往来款项有关的会计科目，如误将与个人的往来记入“借入款”“借出款”科目，应收上级、下级的经费记入“其他应收款”等。

82 工会审计发现库存物品管理方面的问题一般有哪些?

工会审计发现库存物品管理方面的问题主要有：

（1）采购日常活动中耗用的材料、物品及达不到固定资产标准的工具、器具等应在库存商品科目核算的直接列支出科目；

（2）不按规定定期对库存物品进行清查盘点，未做到每年至少全面盘点一次，未正确处理盘盈、盘亏或报废、毁损的库存物品；

（3）未建立库存物品相关管理制度，如采购审批制度、验收和领用制度、盘点和清查制度等；

（4）库存物品账实不符，有的购入后未记入库存商品，有的领用后未及时进行会计处理；

（5）采购、保管、财务人员之间沟通、联系不够，造成采购、验收、入库、领用等环节脱钩，手续不齐全。

83 工会审计发现投资管理方面的问题一般有哪些？

工会审计发现投资管理方面的问题主要有：

（1）投资决策程序不合规，投资项目无可行性研究报告，无经集体讨论研究的会议纪要，未经本级工会经审会审查通过；

（2）投资管理滞后，未建立健全投资管理相关制度；

（3）投资收益收取不到位，未按投资合同、协议及时足额收取投资收益；

（4）投资会计核算不准确，未按投资项目或单位进行明细核算，“投资”与“投资基金”科目余额不一致；

（5）投资发生损失不处理，有的投资项目发生损失导致无法收回后仍长期挂账，未按照《工会经费呆账处理办法》的规定进行处理。

84 工会审计发现固定资产管理方面的问题一般有哪些？

工会审计发现固定资产管理方面的问题主要有：

（1）未制定固定资产日常管理相关制度，有的单位制定制度后不严格遵照执行；

（2）建设项目竣工交付使用后不及时实施工程结算、决算审计，并办理相关产权手续，登记固定资产相关科目；

（3）发生增加符合固定资产标准的业务时，不及时登记固定资产和固定基金科目，根据全总财务部复函（工财函〔2016〕12 号），使用年限在一年以上，一般设备单位价值在 1000 元以上，专用设备单位价值在 1500 元以上，并在使用过程中基本保持原来物质形态的资产，单位价值虽不足规定标准，但使用时间在一年以上的大批同类物资，按固定资产管理；

（4）发生固定资产减少业务时，不及时按规定办理相关手续，调出、变卖、投资、损失、报废、盘亏等减少固定资产的处置，无单位主管领导（或领导办公会议）审批，未报主管工会或上一级工会核准或备案，就办理调出或注销等固定资产减少手续；

（5）固定资产处置后，变价收入和残值收入不及时入账作其他收入，有的单位工会由财政统一组织公车拍卖后款项不及时催收到工会作收入；

（6）未按规定每半年对固定资产对账一次，使账实、账卡、账账保持一致，每年年终对本单位的固定资产进行一次全面清查盘点；

（7）资产管理部门、财务部门和使用部门职责不明确，相互配合、协调不够；

（8）将工会资产与国有资产、集体资产、企业资产混淆，在固定资产处理、处置中未遵守中华全国总工会对各级地方工会、产业工会和基层工会固定资产拥有终极所有权的规定，导致工会资产流失。

85 工会审计发现代管经费方面的问题一般有哪些?

工会审计发现代管经费方面的问题主要有：

（1）随意将党费、团费、职工互助金等之外的款项记入代管经费科目，如应归属于行政的投资收益、房屋出租租金等；

（2）将应在代管经费核算的党费、团费、职工互助金列入其他应付款中核算；

（3）不按规定分类设置代管经费明细账；

（4）不按资金支出用途核算，将应在代管经费列支的费用在其他的支出科目中列支，挤占工会经费支出。

86 工会审计发现专用基金方面的问题一般有哪些?

工会审计发现专用基金方面的问题主要有：

（1）不按规定及时取消增收留成基金和财务专用基金，中华全国总工会办公厅关于停止执行《增收留成基金管理办法》

《财务专用基金管理办法》和《经审专用经费管理办法》（厅字〔2014〕14 号）的通知印发后，不及时清理、取消增收留成基金和财务专用基金；

（2）不按规定设立工会干部权益保障金，不按照《企业工会主席合法权益保护暂行办法》和《全国总工会财务部关于做好权益保障金年末余额管理的通知》（工财字〔2012〕34 号）的规定，设立省级工会 200 万元、地市级工会 120 万元、县级工会 30 万元的年末结余额度计提；

（3）专用基金会计处理不准确，提取、发放工会干部权益保障金等专用基金时，科目使用不符合《工会会计制度》的规定。

87 工会审计发现基层工会收取会员会费收入方面的问题一般有哪些？

工会审计发现基层工会收取会员会费收入方面的问题主要有：

（1）少数基层工会不收取会员会费，《中国工会章程》规定：“会员没有正当理由连续六个月不交纳会费、不参加工会组织生活，经教育拒不改正，应当视为自动退会。”少数机关、企事业单位工会组织不按规定收取会员个人应交的会费，受到纪检监察机关、国家审计机关和上级工会经审会的处理；

（2）少数基层工会收取会员会费不规范，不严格按照《中华全国总工会关于收交工会会费的通知》（工发〔1978〕101 号）文件规定的比例，以每月工资收入（不含奖金、津贴、稿费收入等）的 0.5% 为标准收取会员会费，有的简单收取固定金额的会费，如每月 10 元 / 人，有的把奖金、津补贴等收入计入会费计算基数，多收会员会费等；

（3）混淆计提 2% 工会经费的基数“工资总额”和收取会员 0.5% 会费人基数“工资收入”，“工资总额”包括计时工资、计件工资、奖金、津贴和补贴、加班加点工资、特殊情况下支付的工资等，“工资收入”不包括会员所得各种奖金、津贴、稿费收入以及按照劳动保险条例或其他法律法规所领取的各种补助费、救济费、离退休费、粮煤补贴、副食补贴、加班加点津贴等。

88 工会审计发现基层工会行政补助收入方面的问题一般有哪些？

工会审计发现基层工会行政补助收入方面的问题主要有：

（1）行政不给工会补助，有的企事业单位以影响行政经济效益和经营考核业绩为由，在 2% 的工会经费之外不再给工会补助，有的单位误认为行政补助到工会后还要上缴 40% 到上级工会；

（2）行政乱给工会补助，有的单位不按预算拨款补助到工会，将大量与工会无关的资金转拨到工会，用于不属于工会开支范围的支出，甚至是违纪违规的支出，如滥发奖金、津补贴等；

（3）行政补助手续不全，不编制行政补助收入科目预算，行政对工会补助无任何附件资料，不按照“一事一申请”的原则申请拨款，收到行政补助后不按申请拨款的用途开支。

89 工会审计发现支出管理方面的问题一般有哪些?

工会审计发现支出管理方面的问题主要有：

（1）经费支出不按预算执行，如随意超预算支出或预算执行率偏低，不按《工会预算管理办法》的规定办理预算调整手续；

（2）经费支出结构不合理，如县级以上工会用于组织职工活动、维护职工权益、补助下级工会等直接服务于职工群众的支出占总支出的比例偏低，基层工会用于组织活动、慰问困难职工的支出少，用于发放慰问物资等福利的支出占总支出的比例偏高；

（3）违规支出与工会无关的支出，如县以上工会违规将工会经费拨付到与工会活动和职工群众无关的项目等；

（4）超标准开支，如接待费、会议费、培训费、差旅费等支出超出党中央、各级政府和财政部门相关制度规定的标准；

（5）重大支出项目程序不合规，如达到一定标准的货物、工程和服务未按规定通过政府采购或公开招投标确定；

（6）支出手续不齐全，如会议、培训、活动、慰问等支出的文件通知、签到册、实施方案、具体预算、电子明细等原始资料附件不齐全、不完整；

（7）违规发放奖励、补助、福利等，如无任何政策依据和文件规定就发放对个人或单位的奖励费、劳务费、误工费等，超出政策和文件规定的标准发放。

90 工会审计发现净资产管理方面的问题一般有哪些？

工会审计发现净资产管理方面的问题主要有：

（1）净资产科目与相关资产科目余额不一致，会计报表中固定基金与固定资产、在建工程占用资金的在建工程、投资基金和投资科目的余额不一致；

（2）需要动用后备金时不按规定经过本级工会经费审查委员会审议，工会常委会批准，并报上级工会备案；

（3）年末结转收支时有遗漏，未将全部收入、支出结转到结余科目；

（4）违反《工会会计制度》规定，在年末结转收支之外直接将收入转入结余或在结余中直接列支出；

（5）净资产会计处理不准确，如将在建工程转固定资产时，未同时记在建工程占用资金、其他固定基金科目，核销投资时误记其他支出科目，未同时记投资基金科目。

91 被审计单位对审计发现的问题整改不力、屡审屡犯怎么办？

习近平总书记在主持召开中央审计委员会第一次会议时发表重要讲话，强调各地区各部门特别是各级领导干部要积极主动支持配合审计工作，依法自觉接受审计监督，认真整改审计查出的问题，深入研究和采纳审计提出的建议，完善各领域政策措施和制度规则。

根据审计相关法律法规以及《国务院关于加强审计工作的意见》（国发〔2014〕48号）的规定，承担审计整改主体责任的是被审计单位，各被审计单位的主要负责人是整改第一责任人，工会经审组织履行的是督促整改和回访检查的职责。

被审计单位对审计发现的问题整改不力、屡审屡犯，经审会应当予以批评并责令改正，对仍拒不整改的，给予通报批评直至追究相关人员的责任。经审会要推动将审计整改情况纳入工会工作目标考核内容，探索建立将被审计单位整改不力、屡审屡犯的情况报送其上级党委、纪检监察机关和组织部门的机制，把整改结果作为考核、任免、奖惩干部和相关决策的重要依据，从而推动审计发现的问题整改到位。

92 工会审计发现违规发放津补贴行为如何处理？

根据《中国工会审计条例》第四十一条的规定，经审会审核审计组的审计报告、研究被审计单位的书面意见后，出具经审会的审计报告，对违反财经法律法规的行为在职权范围内作出审计决定，并将经审会的审计报告或者审计决定送达被审计单位。审计决定自送达之日起生效。

《中华全国总工会办公厅关于加强工会经费财务管理和审计监督切实管好用好工会经费的通知》（总工办发〔2013〕51 号）规定，严禁以各种名义年终突击花钱和滥发津补贴、奖金、实物。《中华全国总工会办公厅关于印发〈基层工会经费收支管理办法〉的通知》（总工办发〔2017〕32 号）规定，不准违反工会经费使用规定，滥发奖金、津补贴。

根据以上规定，工会审计发现违规发放津补贴行为应出具审计报告和审计决定，依据监察部、人力资源和社会保障部、财政部、审计署《违规发放津贴补贴行为处分规定》（监察部〔2013〕31 号令）和具体违规发放行为作出相应处理。

93 工会经费审查委员会开展审计专业人员力量不足怎么办?

根据《中国工会审计条例》第十九条的规定，经审会根据工作需要，可以委托具有相应资质的社会中介机构对有关事项进行审计；可以聘请具有审计、财会等专业资格和职业能力的人员参与审计工作。

（1）牢牢把握审计的主导权，工会审计的主体是经审会，其他机构和个人是为经审会审计工作服务的；

（2）选择社会中介机构和聘请特邀审计员要按相关规定经过一定的程序，可以采取建立社会中介机构和聘请特邀审计员备选库的方式，如果支付的费用金额达到政府集中采购公开招标数额标准，必须依据规定履行政府采购或公开招投标程序，如果未达到，则应通过询价、竞争性谈判等方式择优选择；

（3）相关审计文书应体现工会经审会的主体地位，其他机构和个人出具的审计报告、工作底稿等材料作为审计资料的一部分，及时交经审会，再由经审会对被审计单位出具相关审计文书，工会建设工程项目竣工结算、决算委托有相关资质的社会中介机构审计的情况除外；

（4）工会经审会要加强对委托的社会中介机构或聘请的审计人员的管理和培训，促进他们熟悉工会相关制度、规定，督促提高审计质量，定期组织对所聘社会中介机构和特邀审计员的工作情况和审计质量进行考评，考评结果作为其能否继续参与审计工作的重要依据。

94 工会审计实践中如何区别使用顺查法和逆查法?

顺查法又称正查法，是指按会计核算程序，从检查会计凭证开始，按顺序核对记账凭证、账簿、报表的一种检查方法。顺查法的优点是可以比较系统地了解法人和其他组织核算的全过程，漏查的可能性较小。顺查法的优点在于从检验原始凭证入手，然后逐项核对，方法简单，易于查对，查账结果比较精确；缺点是事无巨细、同等对待，掌握不住重点和主攻方向，费时费力，不便于进行专项查账或按业务进行查账分工。

逆查法又称倒查法，是指按照会计业务核算相反的顺序依次进行审查的方法。即从审阅、分析报表着手，根据发现的问题和疑点，确定审计重点，再审查核对有关的账簿和凭证。逆查法的优点是易于抓住重点，有目的地进行检查，可以集中精力检查主要问题，在时间上和人力上都较为节省；缺点是对审计人员业务素质要求高，一旦对检查的重点问题判断失误，就会造成对差错和弊端的遗漏和疏忽，不能全部揭露和反映。

工会经审会在审计实践中，对经济业务规模不大、财务管理不够规范、会计核算不够准确、存在问题较多的单位应采用顺查法；反之则可以采用逆查法。还可以采用两种方法相结合的方式，如在整体采用顺查法时，对部分业务量大、金额小、问题少的业务可以采用逆查法；在整体采用逆查法时，对部分重点事项、金额大、问题多的业务可以采用顺查法。

95 工会审计实践中如何区别使用详查法和抽查法？

详查法是指对被审计单位被审计期内的全部凭证、账本、报表等所有经济业务资料，采取全面、精细、毫无遗漏地进行逐一审查的一种审计方法。详查法的优点是结论可靠，审计不足的风险小，方法简单；缺点是工作量大，工作效率低。

抽查法是指对被审计单位被审计期内的全部账目和业务抽取一部分作为样本审查，并根据样本审查的结果，对总体的特征进行推断的一种审计方法。抽查法的优点是可以大大减少审计工作量，提高审计工作效率；缺点是抽查不可避免地会产生抽样误差，抽查法的结果可靠性存在局限性。

工会经审会在审计实践中，对经济业务规模不大、业务比较简单的被审计单位可以采用详查法，对规模较大和业务复杂的被审计单位可以采用抽查法，也可以采用两种方法相结合以及与其他审计方法配合运用的方式。

96 工会审计实践中如何利用审计信息化手段？

审计信息化是将传感、通信、计算机、控制等信息技术手段应用于审计工作，全面改造审计业务流程、建立并完善新的审计工作方式、提高审计能力和水平的转变过程。

工会审计人员实践工作中应做好以下几项工作：

（1）适应会计电算化，熟练掌握利用计算机辅助审计的方法，使用审计软件抓取会计电子数据、访问财务数据库和生成电子审计文档；

（2）熟练使用审计软件管理审计流程，按照审计软件既定的标准化流程操作，将审计轨迹清楚地记录在审计软件中，实时管理、查询审计情况；

（3）利用审计信息化带来的海量数据和信息，使用核对法、比较法、分析法、重新计算法等审计方法，提高审计效率，发现更多更深层次的问题；

（4）综合利用大数据、云计算等手段，对与工会审计目标相关的数据和信息采取检索、采集、汇总、整合，再进行分析、判断，收集审计证据，实现审计目标，如在对困难职工帮扶资金、职工医疗互助资金和工会经费计拨审计的过程中，可以通过利用大数据、云计算等手段，扩大审计面，取得更加准确的审计证据，发现更多传统审计方法难以发现的问题。

97 工会经审干部培训有什么要求?

根据《中国工会审计条例》第五十四条的规定，各级工会应当加强工会审计人员队伍建设，落实经审会主任任期培训制度和工会审计人员培训规划，做好工会审计人员的配备、使用、考核和管理工作。

工会经审会应当根据全总经审会制定的《全国工会经审干部教育培训规划》的规定，紧密结合工会经审工作发展的现实需要，针对不同类别、不同层次、不同岗位经审干部的成长规律和培训需求开展教育培训，激发其学习的内在动力和潜能，切实增强教育培训的针对性和实效性。各级工会经审会应当明确培训要求，完善培训机制，强化责任分工，加强师资建设，优化培训方式，做到新到岗经审干部一年内必须参加培训和五年内工会专兼职经审干部至少轮训一遍。培训内容应当把政治思想教育摆在首要位置，开展务实管用的专业培训、专题培训、技能培训，加强党规党纪和职业道德教育，打造信念坚定、业务精通、作风务实、清正廉洁的高素质专业化工会经审干部队伍。

98 工会审计项目如何提高审计质量?

审计质量是审计工作水平的高低程度，是审计工作的生命线。审计质量的高低直接影响审计目标的实现，直接决定审计效果的好坏。审计质量控制是审计组织和审计人员为确保审计质量，提高工作效率，而制定和运用的各项政策和程序，是保证审计质量的重要途径。

工会审计项目要加强审计质量控制，达到降低审计风险、促进审计工作发展、提高审计质量的目的。具体应做到以下几个方面：

（1）依法制定科学、合理的工会审计质量标准。

（2）在编制审计项目计划、设定审计组职责和权限、安排审计人员和组织分工、审计复核、审计执法检查、审计项目考评、审计档案管理等方面，遵循《中国工会审计条例》和全总经审会的相关规定。

（3）在审计方案、审计方法、审计工作底稿、审计证据、审计报告、审计档案等方面，遵循内部审计相关准则和全总经审会的规定。

（4）高度重视审计报告的质量。审计报告是审计工作最终的成果，是审计工作质量的直接体现。审计报告要做到实事求是、客观公正、突出重点、措辞严谨、数据准确、证据确凿、定性准确、格式规范、内容完整、文字精练、程序合规。

99 工会经费审查工作规范化建设主要考核哪些方面的内容?

工会经费审查工作规范化建设主要考核以下几个方面的内容:

（1）组织建设，包括同级工会听取经审工作汇报、经审干部参与工会决策、队伍组建、机构设置、从业资格、经审组建等;

（2）规章制度，包括转发和执行全总经审会相关制度情况、制定和执行经审会议及工作制度情况、对下开展经审工作规范化建设考核情况等;

（3）审查审计，包括向会员代表大会、工会委员会或会员大会报告工作情况、开展各项审查审计工作情况、审计覆盖率情况、审计报告内容完整情况、审计整改督查情况等;

（4）业务建设，包括报告有无违纪违规情况、经审干部培训情况、调查报告、理论研讨文章和论文投稿采用情况、编制经审工作信息情况等;

（5）经费设备，包括经审工作经费列入预算情况、经审相关会议列入预算情况、经审日常工作经费列入预算情况、审计使用软件情况等;

（6）工作创新，包括在拓展审计范围、改进审计方法、提高审计质量、深化审计监督和探索绩效审计等方面有创新。

100 工会常态化经审监督体系建设包括哪些内容?

工会常态化经审监督体系是以国家审计为指导，以工会经审组织为主体，以社会审计为补充，以职工会员监督为基础的固定化、平常化的经审监督体系。工会常态化经审监督体系建设应当包括以下几个方面的内容：

（1）依法接受国家审计机关指导监督，主动加强与国家审计机关的沟通联系，遵守《审计署关于内部审计工作的规定》（2018 年审计署令第 11 号），在业务指导、干部培训、交流研讨等方面加强与内部审计协会的合作。

（2）坚持发挥工会经审组织主体作用，提高工会经审工作的政治地位，推动经审工作制度化、规范化，围绕监督主责主业，坚定履行职责，实现有深度、有重点、有步骤、有成效的审计全覆盖，坚持问题导向，督促整改抓落实，加强自身建设，开展业务培训，创新监督方式方法，努力提升经审干部履职能力，充分发挥经审组织“免疫系统”的作用。

（3）积极借助外部力量提升监督能力，建立健全聘请社会审计力量和特邀审计员参与审查审计的工作机制，在工会经审组织自身人员力量不够的情况下，以及开展部分专业性强的审计项目如建设工程项目竣工审计时，规范引入社会审计力量和特邀审计员参加审计工作。

（4）重视依靠职工群众加强民主监督，充分发挥工会经审专业监督和民主监督相结合的优势，不断加大职工群众参与审查审计监督的力度，在向会员大会、会员代表大会报告财务收支情况和经审监督情况的同时，推进工会财务公开、审计公开，提升工会经审工作的公信力，使工会经审工作更加适应新时代工会工作的要求。

（5）全面及时完成审查审计监督任务，坚持做到“应审尽审，凡审必严”，形成全覆盖、固定化、日常化、高效率、严监管的监督模式。在切实加强预算执行、财务收支审计的基础上，加大对工会重点领域、重大项目、重大投资及“三公”经费、会议费、培训费和劳模、困难职工帮扶、医疗互助、“送温暖”等专项资金管理使用情况的审计监督，重点关注资金使用绩效。接受组织部门委托开展对工会领导干部及所属企事业单位负责人的任期经济责任审计，做好工会建设项目审计，加大工会经费计拨审计力度，努力防范工会经济活动过程中的风险隐患，准确反映工会经费在收管用中存在的问题，督促整改落实，推动工会组织把更多的资金用在为基层、为职工服务上。

GONG HUI
JING SHEN GONG ZUO
BAI WEN BAI DA

第六部分

工会经审工作自测题

一、单选题

1.《工会法》第四十五条规定，工会应当根据（　）原则，建立经费审查监督制度。

A. 经费独立　　B. 经费分成

C. 经费预算　　D. 经费自筹

2. 工会经费的使用应当依法接受（　）的监督。

A. 社会审计机构　　B. 内审协会

C. 国家　　D. 政府

3.《中国工会章程》第十三条规定，各级经费审查委员会由（　）产生。

A. 上级经费审查委员会任命

B. 同级工会委员会任命

C. 同级工会代表大会选举

D. 同级工会委员会选举

4.《中国工会章程》第三十九条规定，工会经费审查监督制度，由（　）制定。

A. 中华全国总工会

B. 省、自治区、直辖市总工会

C. 各级工会自行

D. 国家审计机关

5. 工会审计是指各级工会经费审查委员会依照法律和《中国工会章程》规定的职责、权限和程序，对工会经费收支、资产管理等全部经济活动的（　）实施的审计监督。

A. 真实、完整与收益

B. 真实、客观与效益

C. 客观、合法与效益

D. 真实、合法与效益

6. 县级以上工会经审会委员人数不少于同级工会委员会委员人数的（　），最低不少于（　）人。

A. 15%；3　　B. 20%；3　　C. 15%；5　　D. 20%；5

7. 经审会委员中具有审计、财会专业知识的人员一般不少于（　）。

A. 三分之一　　B. 二分之一

C. 三分之二　　D. 五分之三

8. 工会审计人员应当具备与其从事审计业务相适应的专业知识和（　）。

A. 执业资质　　B. 技术资格

C. 业务水平　　D. 职业能力

9.《中国工会审计条例》第二十一条规定，工会经审会根据工作需要，可以委托（　）对有关事项进行审计。

A. 工会委员会

B. 具有相应资质的社会中介机构

C. 企业内审机构

D. 内审协会

10. 经审会根据同级工会委员会的工作部署和上级经审会的要求，制订年度（ ）。

A. 审查工作计划　　B. 审计工作台账

C. 内审工作计划　　D. 审计工作计划

11. 审计通知书一般在审计实施前（ ）送达被审计单位，特殊情况如突击审计可在实施时送达。

A. 一天　B. 三天　C. 五天　D. 十天

12. 被审计单位应当对所提供的审计资料的真实性和完整性作出（ ）。

A. 信用承诺　B. 口头承诺　C. 事后承诺　D. 书面承诺

13. 经审会对正在进行的违反财经法律法规的行为予以制止，在职权范围内作出（ ）。

A. 批评教育　　B. 审计整改要求

C. 审计决定　　D. 纪律处分

14. 审计决定自（ ）之日起生效。

A. 作出　B. 送达　C. 审批　D. 发出

15. 被审计单位自接到审计组的审计报告征求意见稿之日起（ ）内，应当向审计组回复书面意见，逾期不回复的，视同无异议。

A. 15 日　B. 10 日　C. 7 日　D. 3 日

16. 被审计单位自收到经审会的审计报告或者审计决定之日起（ ）内，将整改落实情况书面报告给出具审计报告或者决定的经审会。

A. 15 日　　B. 30 日　　C. 60 日　　D. 90 日

17. 被审计单位或者相关责任人员对经审会作出的审计决定不服的，自收到审计决定之日起（　）日内，可以向出具审计决定的上一级经审会书面申请复审。上一级经审会自收到书面复审申请之日起（　）日内，应当作出复审决定。复审期间执行原审计决定。

A. 15　30　　B. 30　30

C. 30　60　　D. 60　60

18. 经审会应当建立（　），对被审计单位进行审计回访，督促其落实整改意见，执行审计决定。

A. 审计整改督查制度　　B. 审计回访制度

C. 审计督办制度　　D. 审计问责制度

19. 经审会应当每年向（　）报告审计结果和整改落实情况。

A. 国家审计机关　　B. 同级工会常委会

C. 同级党组织和工会委员会　　D. 内部审计协会

20. 《中国工会审计条例》第四十七条规定，各级工会组织应当建立健全（　）机制，各级工会党组织、领导班子应当定期听取经 审会的审计工作汇报，加强对经审工作规划、年度审计计划、审计质量控制、问题整改和队伍建设等重要事项的管理。

A. 党领导工会经审工作　　B. 定期听取工作汇报

C. 高度重视经审工作　　D. 自觉接受审计监督

21. 各级工会应当为经审会及其经审办开展审计工作，提供必要的物质保障和工作条件，按照当年工会经审工作需要，将所需经费列入（　）。

A. 经审专用基金　　B. 经审专用经费

C. 本级工会年度预算　　D. 经审业务经费

22. 各级工会应当支持经审会加强审计工作（　），健全审计工作运行机制，完善审计质量评价体系，实施工会审计人员业绩评价和奖惩制度。

A. 制度化建设　　B. 规范化建设

C. 专业化建设　　D. 法制化建设

23.《基层工会经费审查委员会工作条例》第九条规定，基层工会经费审查委员会，根据工作需要，可聘请（　）参加审查工作。

A. 工会积极分子　　B. 工会财务人员

C. 行政审计人员　　D. 工会小组长

24. 基层工会经费审查委员会实行集体领导制、民主集中制。讨论问题时，应充分发扬民主。决定问题时，由全体委员的（　）通过。

A. 过三分之二　　B. 60% 以上

C. 过半数　　D. 80% 以上

25. 经审会对（　）负责，依法独立履行职责，有权直接处理职责范围内的事务。

A. 上级经审会

B. 同级工会常委会

C. 同级工会会员（代表）大会

D. 同级国家审计机关

26. 为保证经审监督的客观公正，经审干部（　）经审监督范围内的经济管理工作。

A. 应当从事　　　　B. 可以从事

C. 视情况从事　　　　D. 不得从事

27. 工会年度经费收支预算方案须经（　）审查通过，

A. 上级经审会　　　　B. 同级经审会常委会

C. 同级经审会全体会议　　　　D. 同级经审会办公室

28. 各级工会上年度本级经费预算执行情况（决算），（　）应接受审计，审计情况应向（　）报告，由其审查并形成决议。

A. 同级经审会办公室　　同级经审会全体会议

B. 同级经审会办公室　　上级经审会办公室

C. 同级经审会全体会议　　同级工会常委会

D. 同级经审会全体会议　　上级经审会全体会议

29. 经审会负责对同级工会及其所属企事业单位（　）建设项目的审计工作。

A. 1 万元以上　　　　B. 5 万元以上

C. 10 万元以上　　　　D. 20 万元以上

30. 经审会接受同级工会干部管理部门的书面委托，对同级工会涉及经费、资产及有关经济活动管理的内设机构和所属企事业单位的主要负责人进行（　）。

A. 财务收支审计　　　　B. 预算执行情况审计

C. 经济责任审计　　D. 效益情况审计

31. 经审会实行由审计组成员、主审、组长对审计业务进行分级（　）。

A. 审批控制　　B. 核查控制

C. 质量控制　　D. 责任控制

32. 承担审计整改主体责任的是被审计单位，各被审计单位的（　）是整改第一责任人。

A. 经审组织负责人　　B. 财务部门负责人

C. 分管财务负责人　　D. 主要负责人

33. 经审会有权对可能被转移、隐匿、篡改、毁弃的会计报表、会计账簿、会计凭证以及其他与财务收支及资产管理相关的资料，采取（　）的措施。

A. 临时扣押　　B. 收集整理

C. 暂时封存　　D. 迅速查处

34. 经审会主任应当参加（或者列席）同级工会以下哪些会议？（　）

A. 主席办公会议　　B. 常委会议

C. 研究工会重大经济活动的会议

D. 以上皆是

35. 审计组通过审查财务资料、有关文件和会议记录，核实现金、实物、有价证券，向相关单位和个人进行调查等方式开展审计，取得审计证据，做好审计记录，编制（　）。

A. 审计报告　　B. 审计工作底稿

C. 审计意见书　　　　　　D. 审计决定

36. 在预算执行中，各级工会因上级工会和同级财政增加不需要本级工会提供配套资金的补助而引起的预算收支变化，（　）。

A. 不属于预算调整

B. 属于预算调整

C. 视金额大小决定是否调整预算

D. 视资金性质决定是否调整预算

37. 经审会的（　）作为同级工会、上级工会及其有关部门评选先进和工作考核的重要依据。

A. 审计报告　　　　　　B. 审计意见书

C. 审计结果　　　　　　D. 审计证据

38. 根据《工会建设项目审计办法》第六条的规定，经审会应当对列入（　）决策的建设项目进行全过程跟踪审计。

A. “三重一大”　　　　　B. 工会投资

C. 重要项目　　　　　　D. 重大项目

39. 中华全国总工会《关于加强工会经费审查监督工作的意见》中指出，加强工会经审工作的重要意义是（　）。

A. 工会依法治会，贯彻工会经费独立原则的客观要求

B. 对工会经费收支和财产管理实行民主监督和审计监督的有效途径

C. 健全工会监督制约机制的重要措施

D. 以上皆是

40. 经审干部因依法履行职责而受到不公正待遇或打击报

复时，（ ）应维护其合法权益。

A. 本级工会经审会　　B. 本级工会

C. 上级工会经审会　　D. 上级工会

二、多选题

1. 以下哪些人不得担任同级工会经费审查委员会委员（ ）。

A. 工会主席

B. 分管财务和资产的副主席

C. 工会财务和资产管理部门人员

D. 行政会计

2. 各级工会应当加强工会审计人员队伍建设，落实（ ），做好工会审计人员的配备、使用、考核和管理工作。

A. 经审会主任任期培训制度

B. 工会审计人员培训规划

C. 工会经审干部培训制度

D. 工会审计人员培训规定

3. 根据《中国工会章程》《中国工会审计条例》规定，工会审计的工作体制是（ ）。

A. 统一领导　　B. 分级管理

C. 分级负责　　D. 下审一级

4.《中国工会章程》第四十条规定，各级工会委员会按照规定编制和审批预算、决算，定期向会员大会或者会员代表大会和上一级工会委员会报告经费收支和资产管理情况，接受（　　）审查监督。

A. 工会常委会　　B. 上级工会经费审查委员会

C. 工会财务管理部门　　D. 同级工会经费审查委员会

5. 工会经费审查委员会的权力包括（　　）。

A. 审查审计监督权　　B. 知情权

C. 参与工作权　　D. 建议权

6. 被审计单位应向审计组提供哪些相关资料（　　）。

A. 被审计单位银行开户许可证、全部账户

B. 财务管理制度、会计凭证、账簿、报表

C. 与审计内容有关的收据、合同、协议

D. 经费收缴相关资料等

7. 审计准备阶段的具体步骤包括（　　）。

A. 确定审计项目

B. 成立审计组

C. 编制审计工作底稿

D. 发放审计通知书

8. 审计报告包括以下内容：（　　）。

A. 审计依据，如相关法律法规、内部控制制度

B. 被审计单位的基本情况、会计责任

C. 实施审计的基本情况，审计评价意见

D. 对需要整改的事项提出审计意见和整改建议

9.《工会预算审查监督办法》规定，经费审查委员会对工

会预算编制、执行、结果实施的全过程监督，包括（　　）。

A. 对预算草案的审查

B. 对上半年预算执行情况的审查

C. 对预算调整的审查

D. 对决算草案的审查

10. 工会经费审查工作规范化建设主要考核组织建设、规章制度和（　　）等方面的内容。

A. 审查审计　　B. 业务建设

C. 经费设备　　D. 工作创新

参考答案

一、单选题：

1. A	2. C	3. C	4. A	5. D	6. D	7. C
8. D	9. B	10. D	11. B	12. D	13. C	14. B
15. B	16. B	17. D	18. A	19. C	20. D	21. C
22. B	23. A	24. C	25. C	26. D	27. C	28. A
29. B	30. C	31. C	32. D	33. C	34. D	35. B
36. A	37. C	38. A	39. D	40. D		

二、多选题：

1. ABC	2. AB	3. ABCD	4. BD	5. ABD
6. ABCD	7. ABD	8. ABCD	9. ABCD	10. ABCD

FU LU

附　录

中华人民共和国工会法（摘录）

（1992 年 4 月 3 日第七届全国人民代表大会第五次会议通过　根据 2001 年 10 月 27 日第九届全国人民代表大会常务委员会第二十四次会议《关于修改〈中华人民共和国工会法〉的决定》第一次修正　根据 2009 年 8 月 27 日第十一届全国人民代表大会常务委员会第十次会议《关于修改部分法律的决定》第二次修正　根据 2021 年 12 月 24 日第十三届全国人民代表大会常务委员会第三十二次会议《关于修改〈中华人民共和国工会法〉的决定》第三次修正）

第四章　基层工会组织

第三十六条　国有企业职工代表大会是企业实行民主管理的基本形式，是职工行使民主管理权力的机构，依照法律规定行使职权。

国有企业的工会委员会是职工代表大会的工作机构，负责职工代表大会的日常工作，检查、督促职工代表大会决议的执行。

第三十七条　集体企业的工会委员会，应当支持和组织职工参加民主管理和民主监督，维护职工选举和罢免管理人员、决定经营管理的重大问题的权力。

第三十八条 本法第三十六条、第三十七条规定以外的其他企业、事业单位的工会委员会，依照法律规定组织职工采取与企业、事业单位相适应的形式，参与企业、事业单位民主管理。

第三十九条 企业、事业单位、社会组织研究经营管理和发展的重大问题应当听取工会的意见；召开会议讨论有关工资、福利、劳动安全卫生、工作时间、休息休假、女职工保护和社会保险等涉及职工切身利益的问题，必须有工会代表参加。

企业、事业单位、社会组织应当支持工会依法开展工作，工会应当支持企业、事业单位、社会组织依法行使经营管理权。

第四十条 公司的董事会、监事会中职工代表的产生，依照公司法有关规定执行。

第四十一条 基层工会委员会召开会议或者组织职工活动，应当在生产或者工作时间以外进行，需要占用生产或者工作时间的，应当事先征得企业、事业单位、社会组织的同意。

基层工会的非专职委员占用生产或者工作时间参加会议或者从事工会工作，每月不超过三个工作日，其工资照发，其他待遇不受影响。

第四十二条 用人单位工会委员会的专职工作人员的工资、奖励、补贴，由所在单位支付。社会保险和其他福利待遇等，享受本单位职工同等待遇。

第五章 工会的经费和财产

第四十三条 工会经费的来源：

（一）工会会员缴纳的会费；

（二）建立工会组织的用人单位按每月全部职工工资总额的百分之二向工会拨缴的经费；

（三）工会所属的企业、事业单位上缴的收入；

（四）人民政府的补助；

（五）其他收入。

前款第二项规定的企业、事业单位、社会组织拨缴的经费在税前列支。

工会经费主要用于为职工服务和工会活动。经费使用的具体办法由中华全国总工会制定。

第四十四条　企业、事业单位、社会组织无正当理由拖延或者拒不拨缴工会经费，基层工会或者上级工会可以向当地人民法院申请支付令；拒不执行支付令的，工会可以依法申请人民法院强制执行。

第四十五条　工会应当根据经费独立原则，建立预算、决算和经费审查监督制度。

各级工会建立经费审查委员会。

各级工会经费收支情况应当由同级工会经费审查委员会审查，并且定期向会员大会或者会员代表大会报告，接受监督。工会会员大会或者会员代表大会有权对经费使用情况提出意见。

工会经费的使用应当依法接受国家的监督。

第四十六条　各级人民政府和用人单位应当为工会办公和开展活动，提供必要的设施和活动场所等物质条件。

第四十七条 工会的财产、经费和国家拨给工会使用的不动产，任何组织和个人不得侵占、挪用和任意调拨。

第四十八条 工会所属的为职工服务的企业、事业单位，其隶属关系不得随意改变。

第四十九条 县级以上各级工会的离休、退休人员的待遇，与国家机关工作人员同等对待。

第六章 法律责任

第五十条 工会对违反本法规定侵犯其合法权益的，有权提请人民政府或者有关部门予以处理，或者向人民法院提起诉讼。

第五十一条 违反本法第三条、第十二条规定，阻挠职工依法参加和组织工会或者阻挠上级工会帮助、指导职工筹建工会的，由劳动行政部门责令其改正；拒不改正的，由劳动行政部门提请县级以上人民政府处理；以暴力、威胁等手段阻挠造成严重后果，构成犯罪的，依法追究刑事责任。

第五十二条 违反本法规定，对依法履行职责的工会工作人员无正当理由调动工作岗位，进行打击报复的，由劳动行政部门责令改正、恢复原工作；造成损失的，给予赔偿。

对依法履行职责的工会工作人员进行侮辱、诽谤或者进行人身伤害，构成犯罪的，依法追究刑事责任；尚未构成犯罪的，由公安机关依照治安管理处罚法的规定处罚。

第五十三条 违反本法规定，有下列情形之一的，由劳动行政部门责令恢复其工作，并补发被解除劳动合同期间应得的报酬，或者责令给予本人年收入二倍的赔偿：

（一）职工因参加工会活动而被解除劳动合同的；

（二）工会工作人员因履行本法规定的职责而被解除劳动合同的。

第五十四条　违反本法规定，有下列情形之一的，由县级以上人民政府责令改正，依法处理：

（一）妨碍工会组织职工通过职工代表大会和其他形式依法行使民主权利的；

（二）非法撤销、合并工会组织的；

（三）妨碍工会参加职工因工伤亡事故以及其他侵犯职工合法权益问题的调查处理的；

（四）无正当理由拒绝进行平等协商的。

第五十五条　违反本法第四十七条规定，侵占工会经费和财产拒不返还的，工会可以向人民法院提起诉讼，要求返还，并赔偿损失。

第五十六条　工会工作人员违反本法规定，损害职工或者工会权益的，由同级工会或者上级工会责令改正，或者予以处分；情节严重的，依照《中国工会章程》予以罢免；造成损失的，应当承担赔偿责任；构成犯罪的，依法追究刑事责任。

第七章　附　　则

第五十七条　中华全国总工会会同有关国家机关制定机关工会实施本法的具体办法。

第五十八条 本法自公布之日起施行。1950 年 6 月 29 日中央人民政府颁布的《中华人民共和国工会法》同时废止。

中国工会章程（摘录）

（中国工会第十七次全国代表大会部分修改，2018 年 10 月 26 日通过）

第七章 工会经费和资产

第三十六条 工会经费的来源：

（一）会员交纳的会费。

（二）企业、事业单位、机关、社会组织按全部职工工资总额的百分之二向工会拨缴的经费或者建会筹备金。

（三）工会所属的企业、事业单位上缴的收入。

（四）人民政府和企业、事业单位、机关、社会组织的补助。

（五）其他收入。

第三十七条 工会经费主要用于为职工服务和开展工会活动。各级工会组织应坚持正确使用方向，加强预算管理，优化支出结构，开展监督检查。

第三十八条 县和县以上各级工会应当与税务、财政等有关部门合作，依照规定做好工会经费收缴和应当由财政负担的工会经费拨缴工作。

未成立工会的企业、事业单位、机关、社会组织，按工资总额的百分之二向上级工会拨缴工会建会筹备金。

具备社会团体法人资格的工会应当依法设立独立经费账户。

第三十九条 工会资产是社会团体资产，中华全国总工会对各级工会的资产拥有终极所有权。各级工会依法依规加强对工会资产的监督、管理，保护工会资产不受损害，促进工会资产保值增值。根据经费独立原则，建立预算、决算、资产监管和经费审查监督制度。实行“统一领导、分级管理”的财务体制、“统一所有、分级监管、单位使用”的资产监管体制和“统一领导、分级管理、分级负责、下审一级”的经费审查监督体制。工会经费、资产的管理和使用办法以及工会经费审查监督制度，由中华全国总工会制定。

第四十条 各级工会委员会按照规定编制和审批预算、决算，定期向会员大会或者会员代表大会和上一级工会委员会报告经费收支和资产管理情况，接受上级和同级工会经费审查委员会审查监督。

第四十一条 工会经费、资产和国家及企业、事业单位等拨给工会的不动产和拨付资金形成的资产受法律保护，任何单位和个人不得侵占、挪用和任意调拨；不经批准，不得改变工会所属企业、事业单位的隶属关系和产权关系。

工会组织合并，其经费资产归合并后的工会所有；工会组织撤销或者解散，其经费资产由上级工会处置。

中华人民共和国审计法

（1994年8月31日第八届全国人民代表大会常务委员会第九次会议通过　根据2006年2月28日第十届全国人民代表大会常务委员会第二十次会议《关于修改〈中华人民共和国审计法〉的决定》修正）

目　　录

第一章　总　　则

第一条　为了加强国家的审计监督，维护国家财政经济秩序，提高财政资金使用效益，促进廉政建设，保障国民经济和社会健康发展，根据宪法，制定本法。

第二条 国家实行审计监督制度。国务院和县级以上地方人民政府设立审计机关。

国务院各部门和地方各级人民政府及其各部门的财政收支，国有的金融机构和企业事业组织的财务收支，以及其他依照本法规定应当接受审计的财政收支、财务收支，依照本法规定接受审计监督。

审计机关对前款所列财政收支或者财务收支的真实、合法和效益，依法进行审计监督。

第三条 审计机关依照法律规定的职权和程序，进行审计监督。

审计机关依据有关财政收支、财务收支的法律、法规和国家其他有关规定进行审计评价，在法定职权范围内作出审计决定。

第四条 国务院和县级以上地方人民政府应当每年向本级人民代表大会常务委员会提出审计机关对预算执行和其他财政收支的审计工作报告。审计工作报告应当重点报告对预算执行的审计情况。必要时，人民代表大会常务委员会可以对审计工作报告作出决议。

国务院和县级以上地方人民政府应当将审计工作报告中指出的问题的纠正情况和处理结果向本级人民代表大会常务委员会报告。

第五条 审计机关依照法律规定独立行使审计监督权，不受其他行政机关、社会团体和个人的干涉。

第六条 审计机关和审计人员办理审计事项，应当客观公正，实事求是，廉洁奉公，保守秘密。

第二章　审计机关和审计人员

第七条　国务院设立审计署，在国务院总理领导下，主管全国的审计工作。审计长是审计署的行政首长。

第八条　省、自治区、直辖市、设区的市、自治州、县、自治县、不设区的市、市辖区的人民政府的审计机关，分别在省长、自治区主席、市长、州长、县长、区长和上一级审计机关的领导下，负责本行政区域内的审计工作。

第九条　地方各级审计机关对本级人民政府和上一级审计机关负责并报告工作，审计业务以上级审计机关领导为主。

第十条　审计机关根据工作需要，经本级人民政府批准，可以在其审计管辖范围内设立派出机构。

派出机构根据审计机关的授权，依法进行审计工作。

第十一条　审计机关履行职责所必需的经费，应当列入财政预算，由本级人民政府予以保证。

第十二条　审计人员应当具备与其从事的审计工作相适应的专业知识和业务能力。

第十三条　审计人员办理审计事项，与被审计单位或者审计事项有利害关系的，应当回避。

第十四条　审计人员对其在执行职务中知悉的国家秘密和被审计单位的商业秘密，负有保密的义务。

第十五条　审计人员依法执行职务，受法律保护。

任何组织和个人不得拒绝、阻碍审计人员依法执行职务，不得打击报复审计人员。

审计机关负责人依照法定程序任免。审计机关负责人没有违法失职或者其他不符合任职条件的情况的，不得随意撤换。

地方各级审计机关负责人的任免，应当事先征求上一级审计机关的意见。

第三章 审计机关职责

第十六条 审计机关对本级各部门（含直属单位）和下级政府预算的执行情况和决算以及其他财政收支情况，进行审计监督。

第十七条 审计署在国务院总理领导下，对中央预算执行情况和其他财政收支情况进行审计监督，向国务院总理提出审计结果报告。

地方各级审计机关分别在省长、自治区主席、市长、州长、县长、区长和上一级审计机关的领导下，对本级预算执行情况和其他财政收支情况进行审计监督，向本级人民政府和上一级审计机关提出审计结果报告。

第十八条 审计署对中央银行的财务收支，进行审计监督。

审计机关对国有金融机构的资产、负债、损益，进行审计监督。

第十九条 审计机关对国家的事业组织和使用财政资金的其他事业组织的财务收支，进行审计监督。

第二十条 审计机关对国有企业的资产、负债、损益，进行审计监督。

第二十一条 对国有资本占控股地位或者主导地位的企业、金融机构的审计监督，由国务院规定。

第二十二条 审计机关对政府投资和以政府投资为主的建设项目的预算执行情况和决算，进行审计监督。

第二十三条 审计机关对政府部门管理的和其他单位受政府委托管理的社会保障基金、社会捐赠资金以及其他有关基金、资金的财务收支，进行审计监督。

第二十四条 审计机关对国际组织和外国政府援助、贷款项目的财务收支，进行审计监督。

第二十五条 审计机关按照国家有关规定，对国家机关和依法属于审计机关审计监督对象的其他单位的主要负责人，在任职期间对本地区、本部门或者本单位的财政收支、财务收支以及有关经济活动应负经济责任的履行情况，进行审计监督。

第二十六条 除本法规定的审计事项外，审计机关对其他法律、行政法规规定应当由审计机关进行审计的事项，依照本法和有关法律、行政法规的规定进行审计监督。

第二十七条 审计机关有权对与国家财政收支有关的特定事项，向有关地方、部门、单位进行专项审计调查，并向本级人民政府和上一级审计机关报告审计调查结果。

第二十八条 审计机关根据被审计单位的财政、财务隶属关系或者国有资产监督管理关系，确定审计管辖范围。

审计机关之间对审计管辖范围有争议的，由其共同的上级审计机关确定。

上级审计机关可以将其审计管辖范围内的本法第十八条第二款至第二十五条规定的审计事项，授权下级审计机关进行审计；上级审计机关对下级审计机关审计管辖范围内的重大审计事项，可以直接进行审计，但是应当防止不必要的重复审计。

第二十九条　依法属于审计机关审计监督对象的单位，应当按照国家有关规定建立健全内部审计制度；其内部审计工作应当接受审计机关的业务指导和监督。

第三十条　社会审计机构审计的单位依法属于审计机关审计监督对象的，审计机关按照国务院的规定，有权对该社会审计机构出具的相关审计报告进行核查。

第四章　审计机关权限

第三十一条　审计机关有权要求被审计单位按照审计机关的规定提供预算或者财务收支计划、预算执行情况、决算、财务会计报告，运用电子计算机储存、处理的财政收支、财务收支电子数据和必要的电子计算机技术文档，在金融机构开立账户的情况，社会审计机构出具的审计报告，以及其他与财政收支或者财务收支有关的资料，被审计单位不得拒绝、拖延、谎报。

被审计单位负责人对本单位提供的财务会计资料的真实性和完整性负责。

第三十二条　审计机关进行审计时，有权检查被审计单位的会计凭证、会计账簿、财务会计报告和运用电子计算机管理财政收支、财务收支电子数据的系统，以及其他与财政收支、财务收支有关的资料和资产，被审计单位不得拒绝。

第三十三条 审计机关进行审计时，有权就审计事项的有关问题向有关单位和个人进行调查，并取得有关证明材料。有关单位和个人应当支持、协助审计机关工作，如实向审计机关反映情况，提供有关证明材料。

审计机关经县级以上人民政府审计机关负责人批准，有权查询被审计单位在金融机构的账户。

审计机关有证据证明被审计单位以个人名义存储公款的，经县级以上人民政府审计机关主要负责人批准，有权查询被审计单位以个人名义在金融机构的存款。

第三十四条 审计机关进行审计时，被审计单位不得转移、隐匿、篡改、毁弃会计凭证、会计账簿、财务会计报告以及其他与财政收支或者财务收支有关的资料，不得转移、隐匿所持有的违反国家规定取得的资产。

审计机关对被审计单位违反前款规定的行为，有权予以制止；必要时，经县级以上人民政府审计机关负责人批准，有权封存有关资料和违反国家规定取得的资产；对其中在金融机构的有关存款需要予以冻结的，应当向人民法院提出申请。

审计机关对被审计单位正在进行的违反国家规定的财政收支、财务收支行为，有权予以制止；制止无效的，经县级以上人民政府审计机关负责人批准，通知财政部门和有关主管部门暂停拨付与违反国家规定的财政收支、财务收支行为直接有关的款项，已经拨付的，暂停使用。

审计机关采取前两款规定的措施不得影响被审计单位合法的业务活动和生产经营活动。

第三十五条 审计机关认为被审计单位所执行的上级主管部门有关财政收支、财务收支的规定与法律、行政法规相抵触的，应当建议有关主管部门纠正；有关主管部门不予纠正的，审计机关应当提请有权处理的机关依法处理。

第三十六条 审计机关可以向政府有关部门通报或者向社会公布审计结果。

审计机关通报或者公布审计结果，应当依法保守国家秘密和被审计单位的商业秘密，遵守国务院的有关规定。

第三十七条 审计机关履行审计监督职责，可以提请公安、监察、财政、税务、海关、价格、工商行政管理等机关予以协助。

第五章 审 计 程 序

第三十八条 审计机关根据审计项目计划确定的审计事项组成审计组，并应当在实施审计三日前，向被审计单位送达审计通知书；遇有特殊情况，经本级人民政府批准，审计机关可以直接持审计通知书实施审计。

被审计单位应当配合审计机关的工作，并提供必要的工作条件。

审计机关应当提高审计工作效率。

第三十九条 审计人员通过审查会计凭证、会计账簿、财务会计报告，查阅与审计事项有关的文件、资料，检查现金、实物、有价证券，向有关单位和个人调查等方式进行审计，并取得证明材料。

审计人员向有关单位和个人进行调查时，应当出示审计人员的工作证件和审计通知书副本。

第四十条 审计组对审计事项实施审计后，应当向审计机关提出审计组的审计报告。审计组的审计报告报送审计机关前，应当征求被审计对象的意见。被审计对象应当自接到审计组的审计报告之日起十日内，将其书面意见送交审计组。审计组应当将被审计对象的书面意见一并报送审计机关。

第四十一条 审计机关按照审计署规定的程序对审计组的审计报告进行审议，并对被审计对象对审计组的审计报告提出的意见一并研究后，提出审计机关的审计报告；对违反国家规定的财政收支、财务收支行为，依法应当给予处理、处罚的，在法定职权范围内作出审计决定或者向有关主管机关提出处理、处罚的意见。

审计机关应当将审计机关的审计报告和审计决定送达被审计单位和有关主管机关、单位。审计决定自送达之日起生效。

第四十二条 上级审计机关认为下级审计机关作出的审计决定违反国家有关规定的，可以责成下级审计机关予以变更或者撤销，必要时也可以直接作出变更或者撤销的决定。

第六章　法律责任

第四十三条　被审计单位违反本法规定，拒绝或者拖延提供与审计事项有关的资料的，或者提供的资料不真实、不完整的，或者拒绝、阻碍检查的，由审计机关责令改正，可以通报批评，给予警告；拒不改正的，依法追究责任。

第四十四条　被审计单位违反本法规定，转移、隐匿、篡改、毁弃会计凭证、会计账簿、财务会计报告以及其他与财政收支、财务收支有关的资料，或者转移、隐匿所持有的违反国家规定取得的资产，审计机关认为对直接负责的主管人员和其他直接责任人员依法应当给予处分的，应当提出给予处分的建议，被审计单位或者其上级机关、监察机关应当依法及时作出决定，并将结果书面通知审计机关；构成犯罪的，依法追究刑事责任。

第四十五条　对本级各部门（含直属单位）和下级政府违反预算的行为或者其他违反国家规定的财政收支行为，审计机关、人民政府或者有关主管部门在法定职权范围内，依照法律、行政法规的规定，区别情况采取下列处理措施：

（一）责令限期缴纳应当上缴的款项；

（二）责令限期退还被侵占的国有资产；

（三）责令限期退还违法所得；

（四）责令按照国家统一的会计制度的有关规定进行处理；

（五）其他处理措施。

第四十六条　对被审计单位违反国家规定的财务收支行为，

审计机关、人民政府或者有关主管部门在法定职权范围内，依照法律、行政法规的规定，区别情况采取前条规定的处理措施，并可以依法给予处罚。

第四十七条 审计机关在法定职权范围内作出的审计决定，被审计单位应当执行。

审计机关依法责令被审计单位上缴应当上缴的款项，被审计单位拒不执行的，审计机关应当通报有关主管部门，有关主管部门应当依照有关法律、行政法规的规定予以扣缴或者采取其他处理措施，并将结果书面通知审计机关。

第四十八条 被审计单位对审计机关作出的有关财务收支的审计决定不服的，可以依法申请行政复议或者提起行政诉讼。

被审计单位对审计机关作出的有关财政收支的审计决定不服的，可以提请审计机关的本级人民政府裁决，本级人民政府的裁决为最终决定。

第四十九条 被审计单位的财政收支、财务收支违反国家规定，审计机关认为对直接负责的主管人员和其他直接责任人员依法应当给予处分的，应当提出给予处分的建议，被审计单位或者其上级机关、监察机关应当依法及时作出决定，并将结果书面通知审计机关。

第五十条 被审计单位的财政收支、财务收支违反法律、行政法规的规定，构成犯罪的，依法追究刑事责任。

第五十一条 报复陷害审计人员的，依法给予处分；构成犯罪的，依法追究刑事责任。

第五十二条 审计人员滥用职权、徇私舞弊、玩忽职守或者泄露所知悉的国家秘密、商业秘密的，依法给予处分；构成犯罪的，依法追究刑事责任。

第七章 附 则

第五十三条 中国人民解放军审计工作的规定，由中央军事委员会根据本法制定。

第五十四条 本法自1995年1月1日起施行。1988年11月30日国务院发布的《中华人民共和国审计条例》同时废止。

中华全国总工会关于印发《中国工会审计条例》的通知

（总工发〔2023〕6号 2023年3月10日）

各省、自治区、直辖市总工会，各全国产业工会，中央和国家机关工会联合会，全总各部门、各直属单位：

《中国工会审计条例》已经第十七届中华全国总工会党组第149次会议审议通过，现印发给你们，请认真贯彻执行。

附件：

中国工会审计条例

第一章 总 则

第一条 为加强党对工会审计工作的领导，规范工会审计行为，提高工会经费使用效益，维护工会资产安全，根据《中华人民共和国工会法》、《中华人民共和国审计法》和《中国工会章程》，制定本条例。

第二条 工会坚持经费独立原则，依法建立对工会经费收支、资产管理等全部经济活动的审计监督制度。

第三条 工会审计是指各级工会经费审查委员会（以下简称经审会）在同级工会党组织领导下，依照法律法规和《中国工会章程》规定的职责、权限和程序，对工会财务收支、资产管理、内部控制、风险管理等全部经济活动实施独立、客观的监督、评价和建议的活动。

同级工会未建立党组织的，其经审会接受所在单位隶属的党组织领导，向所在单位隶属的党组织报告审计工作。

第四条 工会审计实行统一领导、分级管理、分级负责、下审一级的工作体制。工会审计的制度和办法由中华全国总工会统一制定。

第五条 工会审计遵循依法审计、服务大局、突出重点、注重实效的工作方针。

第六条 经审会依照法律法规和《中国工会章程》独立履行审计监督职责，被审计单位及其有关人员不得拒绝和阻碍工会审计人员履行职责，不得打击报复工会审计人员。

第七条 工会审计人员在办理审计事项中，应当恪守国家审计准则规定的严格依法、正直坦诚、客观公正、勤勉尽责、保守秘密等基本审计职业道德和审计纪律。

第八条 经审会的审计结果作为同级工会、上级工会及其有关部门评选先进和工作考核的重要依据。

第九条 工会审计应当接受国家审计机关的业务指导和监督。

第二章 工会审计机构和人员

第十条 经审会应当与同级工会委员会同时考察、同时报批、同时选举产生。

第十一条 经审会向同级工会会员大会或者会员代表大会负责并报告工作；大会闭会期间，向同级工会委员会负责并报告工作。上级经审会对下级经审会进行业务指导和监督考核。

经审会定期向同级工会党组织报告审计工作。

第十二条 经审会委员由政治素质高、业务能力强、具有相关专业知识的工会干部和会员担任并经民主选举产生。

县级以上工会经审会委员人数不少于同级工会委员会委员人数的 20%，最低不少于 5 人；基层工会经审会委员人数一般 3 至 11 人。经审会委员中具有审计、财会专业知识的人员不少于三分之二。

第十三条 工会主席、分管财务和资产的副主席、工会财务人员和资产管理人员，不得担任同级工会经审会委员。

第十四条 全国总工会和省、自治区、直辖市总工会以及独立管理经费的全国产业工会经审会，应当设置常务委员会。

第十五条 全国总工会经审会委员实行替补制。各级地方总工会、独立管理经费的产业工会和机关工会联合会经审会委员也可以实行替补制。

第十六条 全国总工会、各级地方总工会、独立管理经费的产业工会和机关工会联合会的经费审查委员会办公室（以下简称经审办），作为经审会的日常工作机构，承担工会经费审查审计监督工作。

第十七条 工会应当建设信念坚定、为民服务、业务精通、作风务实、敢于担当、清正廉洁的高素质专业化审计队伍。

经审会应当加强对审计人员遵守法律法规和履行职责情况的监督，督促审计人员依法履职尽责。

第十八条 工会审计人员应当具备与其从事审计业务相适应的专业知识和职业能力。

第十九条 经审会根据工作需要，可以委托具有相应资质的社会中介机构对有关事项进行审计；可以聘请具有审计、财会等专业资格和职业能力的人员参与审计工作。

经审会应当加强对外聘社会中介机构和人员的指导检查、监督评价和质量控制，对审计方案、审计工作底稿、审计报告等进行审核，根据审计工作完成情况，建立考评和退出机制。

第二十条　工会审计人员不得从事可能影响独立、客观履行审计职责的工作，不得参与、干预、插手被审计单位及其相关单位的经济管理活动；在办理审计事项中，与被审计单位或者审计事项有利害关系的应当回避；对在履行职责中知悉的国家秘密、工作秘密、商业秘密、个人隐私和个人信息，应当予以保密，不得泄露或者向他人非法提供。

第三章　工会审计职责

第二十一条　经审会对本级工会及其所属企事业单位和下一级工会的下列事项进行审计：

（一）贯彻落实党和国家相关重大经济社会政策措施以及全国总工会决策部署情况；

（二）与经济活动有关的发展规划、战略决策、重大措施以及年度业务计划执行情况；

（三）经费预算编制和调整、预算执行、决算草案以及其他财务收支情况；

（四）经费计提和拨缴情况；

（五）专项资金物资的筹措、拨付、管理和使用情况；

（六）资产的管理、使用和处置情况；

（七）本级工会及其所属企事业单位建设项目情况；

（八）本级工会及其所属企事业单位对外投资情况；

（九）内部控制及风险管理情况；

（十）经费使用效益和资产经营效益情况；

（十一）撤并时的财务清算情况；

（十二）工会管理和委托其他单位管理的社会捐赠资金、各类基金的收支情况；

（十三）其他需要审计的有关事项。

以上事项，必要时可以进行延伸审计。

第二十二条 经审会对本级工会预算执行情况要每年审计，对下一级工会预算执行情况的审计至少在本届任期内全覆盖。

经审会对涉及本地区本产业本系统全局的重大项目，有权统一组织开展跨层级、跨区域审计或者专项审计。

第二十三条 经审会接受本级工会干部管理部门的书面委托，对本级工会内部管理的领导人员履行经济责任情况进行审计。

经审会实施经济责任审计时，参照执行国家有关经济责任审计的规定。

第二十四条 经审会可以对被审计单位依法依规应当接受审计的事项进行全面审计，也可以对其中的特定事项进行专项审计或者专项审计调查。

第二十五条 上级经审会对其审计职责范围内的审计事项，可以授权下级经审会进行审计。

下级经审会应当配合协助上级经审会开展各项审计工作。

第四章　工会审计权限

第二十六条 经审会有权要求被审计单位提供财务、会计资料以及与财务收支有关的业务、管理等资料，包括电子数据和有关文档。被审计单位不得拒绝、拖延、谎报。

被审计单位负责人应当对本单位提供资料的及时性、真实性和完整性负责，并作出书面承诺。

经审会对取得的资料进行综合分析，需要向被审计单位核实有关情况的，被审计单位应当予以配合。

第二十七条　经审会进行审计时，有权检查被审计单位的财务、会计资料以及与财务收支有关的业务、管理等资料和资产，有权检查被审计单位信息系统的安全性、可靠性、经济性，被审计单位不得拒绝。

第二十八条　经审会进行审计时，有权就审计事项的有关问题向有关单位、部门和个人进行调查和询问，并取得有关证明材料。有关单位、部门和个人应当配合、协助经审会工作，如实向经审会反映情况，提供有关证明材料。

第二十九条　经审会进行审计时，经经审会主要负责人批准，有权对可能被转移、隐匿、篡改、毁弃的财务、会计资料以及与财务收支有关的业务、管理等资料，采取暂时封存的措施。

第三十条　经审会进行审计时，有权对正在进行的严重违法违规、严重损失浪费行为及时向单位主要负责人报告，经同意作出临时制止决定。

经审会有权提出纠正、处理违法违规行为的意见和改进管理、提高绩效的建议。

第三十一条　经审会有权对审计结果以适当方式进行通报。

经审会有权对违法违规和造成损失浪费的被审计单位和人员，给予通报批评或者提出追究责任的建议。

经审会对严格遵守财经法规、经济效益显著、贡献突出的被审计单位和个人，可以向单位党组织、主要负责人提出表彰建议。

第三十二条 经审会对审计中发现的严重违法违规、严重损失浪费等问题，以及被审计单位经济运行中存在的重大风险隐患，有权向同级工会党组织、工会委员会和上一级经审会报告。

第五章 工会审计程序

第三十三条 经审会根据同级工会委员会的工作部署和上级经审会的要求，制订年度审计工作计划。

第三十四条 经审会根据年度审计工作计划，确定审计项目，成立审计组，制订审计实施方案。

审计组审计人员不得少于 2 人，实行审计组组长负责制。

第三十五条 经审会应当在实施审计 3 日前，向被审计单位送达审计通知书。遇有特殊情况，报经审会主要负责人批准后，可以直接持审计通知书实施审计。

第三十六条 审计人员通过审查财务、会计资料，查阅与审计事项有关的文件、资料，检查现金、实物、有价证券和信息系统，向有关单位和个人调查等方式进行审计，取得审计证据，做好审计记录，编制审计工作底稿。

向有关单位和个人进行调查时，审计人员应当不少于 2 人。

第三十七条 审计组对审计事项实施审计后，依据相关法律法规和内部控制制度作出审计评价，对需要整改的事项提出审计意见和建议，形成审计组的审计报告，并征求被审计单位的意见。

第三十八条 被审计单位自接到审计组的审计报告之日起10日内，应当向审计组回复书面意见，逾期不回复的，视同无异议。

第三十九条 经审会审核审计组的审计报告、研究被审计单位的书面意见后，出具经审会的审计报告，对违反财经法律法规的行为在职权范围内作出审计决定，并将经审会的审计报告或者审计决定送达被审计单位。审计决定自送达之日起生效。

第四十条 被审计单位自收到经审会的审计报告或者审计决定之日起30日内，将整改落实情况书面报告给出具审计报告或者审计决定的经审会。

第四十一条 被审计单位或者相关责任人员对经审会作出的审计决定不服的，自收到审计决定之日起60日内，可以向出具审计决定的上一级经审会书面申请复审。上一级经审会自收到书面复审申请之日起60日内，应当作出复审决定。

复审期间执行原审计决定。

第四十二条 经审会发现下一级经审会作出的审计决定违反国家有关规定或者有重大错误的，应当责成下一级经审会予以变更或者撤销，必要时可以直接作出变更或者撤销决定。

第四十三条 经审会应当建立健全审计整改监督检查机制，

对被审计单位进行审计回访，督促其落实整改意见，执行审计决定。

审计组在审计实施过程中，应当及时督促被审计单位整改审计发现的问题。

经审会在出具审计报告、作出审计决定后，应当在规定的时间内检查或者了解被审计单位和其他有关单位的整改情况。对于定期审计项目，经审会可以结合下一次审计，检查或者了解被审计单位的整改情况。

第四十四条 经审会应当每年向同级工会党组织和工会委员会报告审计结果和整改落实情况。

第四十五条 经审会对办理的审计项目、专项审计调查、审计复审、审计整改监督检查等，按照工会审计业务公文处理规定和审计档案管理规定建立档案。

第六章 工作保障

第四十六条 各级工会领导班子应当自觉接受审计监督，支持经审会和工会审计人员依法独立履行职责。

第四十七条 各级工会党组织应当建立健全党领导工会经审工作机制，各级工会党组织、领导班子应当定期听取经审会的审计工作汇报，加强对经审工作规划、年度审计计划、审计质量控制、问题整改和队伍建设等重要事项的管理。

第四十八条 被审计单位主要负责人是整改第一责任人。各级工会应当建立健全审计发现问题整改机制，对审计发现的问题和提出的建议，被审计单位应当及时整改，并将整改结果书面报告经审会。

第四十九条 各级工会对经审会审计发现的典型性、普遍性、倾向性问题，应当及时分析研究，制定和完善相关管理制度，建立健全内部控制措施。

第五十条 经审会应当建立审计事项移交制度，依法依规移交应当由其他有关部门（单位）处理、纠正或者追究有关单位、人员责任的事项，有关部门（单位）应当依法依规及时作出决定，并将结果书面反馈经审会。

经审会应当加强与内部纪检监察、巡视巡察、组织人事等其他内部监督力量的协作配合。

各级工会应当将审计结果及整改情况作为考核、任免、奖惩工会干部和相关决策的重要依据。

第五十一条 各级工会对经审会审计发现的重大违纪违法问题线索，应当按照管辖权限依法依规及时移送纪检监察机关、司法机关。

第五十二条 经审会主任应当参加工会党组会议、主席办公会议、常委会议和研究工会重大经济活动的会议；经审办主任应当参加涉及工会经费、资产和相关经济活动的会议。

第五十三条 各级工会应当为经审会开展审计工作，提供必要的人力、物力、财力保障和工作条件，履行审计职责所需经费，应当纳入本级工会年度经费预算。

第五十四条 各级工会应当加强工会审计人员队伍建设，

落实经审会主任任期培训制度和工会审计人员培训规划，做好工会审计人员的配备、使用、考核和管理工作。

第五十五条 各级工会应当支持经审会加强审计工作规范化建设，健全审计工作运行机制，完善审计质量评价体系。

各级工会应当根据工会审计工作特点，完善工会审计人员考核评价制度，保障工会审计人员享有相应的晋升、交流、任职、薪酬及相关待遇。

第五十六条 上级经审会应当加强对下级经审会的业务指导和工作支持，对在工会审计工作中做出突出成绩的单位和个人给予表彰和奖励。

对连续多年在工会审计工作中作出突出成绩的单位和个人，上级经审会可以向下级工会党组织、领导班子提出嘉奖、记功的建议。

第七章 相关责任

第五十七条 被审计单位有下列情形之一的，由单位党组织、领导班子责令改正，并对直接负责的主管人员和其他直接责任人员进行处理：

（一）拒绝接受或者不配合工会审计工作的；

（二）拒绝、拖延提供与审计事项有关的资料，或者提供资料不真实、不完整的；

（三）拒不纠正审计发现问题的；

（四）整改不力、屡审屡犯的；

（五）违反国家规定或者工会内部规定的其他情形。

第五十八条　经审会和审计人员有下列情形之一的，由同级工会党组织、领导班子对直接负责的主管人员和其他直接责任人员进行处理；涉嫌犯罪的，移送有关机关依法追究刑事责任：

（一）徇私舞弊、玩忽职守，给国家和工会造成重大损失的；

（二）隐瞒审计查出的问题或者提供虚假审计报告的；

（三）泄露国家秘密或者商业秘密的；

（四）利用职权谋取私利的；

（五）违反国家规定或者工会内部规定的其他情形。

第五十九条　工会审计人员因履行职责受到打击、报复、陷害的，工会党组织、领导班子应当及时采取保护措施，并对相关责任人员进行处理；涉嫌犯罪的，移送有关机关依法追究刑事责任。

第八章　附　　则

第六十条　各级工会可以根据本条例制定具体实施办法。

第六十一条　上级经审会应当指导和督促下级经审会执行本条例，对下级经审会执行本条例的情况进行检查。

第六十二条　本条例由中华全国总工会负责解释。

第六十三条　本条例自发布之日起施行。中华全国总工会于 2011 年 4 月 8 日发布的《中国工会审计条例》（总工发〔2011〕27 号）同时废止。

审计署关于内部审计工作的规定

（2018 年 1 月 12 日中华人民共和国审计署令第 11 号公布）

第一章　总　　则

第一条　为了加强内部审计工作，建立健全内部审计制度，提升内部审计工作质量，充分发挥内部审计作用，根据《中华人民共和国审计法》《中华人民共和国审计法实施条例》以及国家其他有关规定，制定本规定。

第二条　依法属于审计机关审计监督对象的单位（以下统称单位）的内部审计工作，以及审计机关对单位内部审计工作的业务指导和监督，适用本规定。

第三条　本规定所称内部审计，是指对本单位及所属单位财政财务收支、经济活动、内部控制、风险管理实施独立、客观的监督、评价和建议，以促进单位完善治理、实现目标的活动。

第四条　单位应当依照有关法律法规、本规定和内部审计职业规范，结合本单位实际情况，建立健全内部审计制度，明确内部审计工作的领导体制、职责权限、人员配备、经费保障、审计结果运用和责任追究等。

第五条　内部审计机构和内部审计人员从事内部审计工作，

应当严格遵守有关法律法规、本规定和内部审计职业规范，忠于职守，做到独立、客观、公正、保密。

内部审计机构和内部审计人员不得参与可能影响独立、客观履行审计职责的工作。

第二章 内部审计机构和人员管理

第六条 国家机关、事业单位、社会团体等单位的内部审计机构或者履行内部审计职责的内设机构，应当在本单位党组织、主要负责人的直接领导下开展内部审计工作，向其负责并报告工作。

国有企业内部审计机构或者履行内部审计职责的内设机构应当在企业党组织、董事会（或者主要负责人）直接领导下开展内部审计工作，向其负责并报告工作。国有企业应当按照有关规定建立总审计师制度。总审计师协助党组织、董事会（或者主要负责人）管理内部审计工作。

第七条 内部审计人员应当具备从事审计工作所需要的专业能力。单位应当严格内部审计人员录用标准，支持和保障内部审计机构通过多种途径开展继续教育，提高内部审计人员的职业胜任能力。

内部审计机构负责人应当具备审计、会计、经济、法律或者管理等工作背景。

第八条 内部审计机构应当根据工作需要，合理配备内部审计人员。除涉密事项外，可以根据内部审计工作需要向社会购买审计服务，并对采用的审计结果负责。

第九条 单位应当保障内部审计机构和内部审计人员依法依规独立履行职责，任何单位和个人不得打击报复。

第十条 内部审计机构履行内部审计职责所需经费，应当列入本单位预算。

第十一条 对忠于职守、坚持原则、认真履职、成绩显著的内部审计人员，由所在单位予以表彰。

第三章 内部审计职责权限和程序

第十二条 内部审计机构或者履行内部审计职责的内设机构应当按照国家有关规定和本单位的要求，履行下列职责：

（一）对本单位及所属单位贯彻落实国家重大政策措施情况进行审计；

（二）对本单位及所属单位发展规划、战略决策、重大措施以及年度业务计划执行情况进行审计；

（三）对本单位及所属单位财政财务收支进行审计；

（四）对本单位及所属单位固定资产投资项目进行审计；

（五）对本单位及所属单位的自然资源资产管理和生态环境保护责任的履行情况进行审计；

（六）对本单位及所属单位的境外机构、境外资产和境外经济活动进行审计；

（七）对本单位及所属单位经济管理和效益情况进行审计；

（八）对本单位及所属单位内部控制及风险管理情况进行审计；

（九）对本单位内部管理的领导人员履行经济责任情况进行

审计；

（十）协助本单位主要负责人督促落实审计发现问题的整改工作；

（十一）对本单位所属单位的内部审计工作进行指导、监督和管理；

（十二）国家有关规定和本单位要求办理的其他事项。

第十三条 内部审计机构或者履行内部审计职责的内设机构应有下列权限：

（一）要求被审计单位按时报送发展规划、战略决策、重大措施、内部控制、风险管理、财政财务收支等有关资料（含相关电子数据，下同），以及必要的计算机技术文档；

（二）参加单位有关会议，召开与审计事项有关的会议；

（三）参与研究制定有关的规章制度，提出制定内部审计规章制度的建议；

（四）检查有关财政财务收支、经济活动、内部控制、风险管理的资料、文件和现场勘察实物；

（五）检查有关计算机系统及其电子数据和资料；

（六）就审计事项中的有关问题，向有关单位和个人开展调查和询问，取得相关证明材料；

（七）对正在进行的严重违法违规、严重损失浪费行为及时向单位主要负责人报告，经同意作出临时制止决定；

（八）对可能转移、隐匿、篡改、毁弃会计凭证、会计账簿、会计报表以及与经济活动有关的资料，经批准，有权予以暂时封存；

（九）提出纠正、处理违法违规行为的意见和改进管理、提高绩效的建议；

（十）对违法违规和造成损失浪费的被审计单位和人员，给予通报批评或者提出追究责任的建议；

（十一）对严格遵守财经法规、经济效益显著、贡献突出的被审计单位和个人，可以向单位党组织、董事会（或者主要负责人）提出表彰建议。

第十四条 单位党组织、董事会（或者主要负责人）应当定期听取内部审计工作汇报，加强对内部审计工作规划、年度审计计划、审计质量控制、问题整改和队伍建设等重要事项的管理。

第十五条 下属单位、分支机构较多或者实行系统垂直管理的单位，其内部审计机构应当对全系统的内部审计工作进行指导和监督。系统内各单位的内部审计结果和发现的重大违纪违法问题线索，在向本单位党组织、董事会（或者主要负责人）报告的同时，应当及时向上一级单位的内部审计机构报告。

单位应当将内部审计工作计划、工作总结、审计报告、整改情况以及审计中发现的重大违纪违法问题线索等资料报送同级审计机关备案。

第十六条 内部审计的实施程序，应当依照内部审计职业规范和本单位的相关规定执行。

第十七条 内部审计机构或者履行内部审计职责的内设机构，对本单位内部管理的领导人员实施经济责任审计时，可以参照执行国家有关经济责任审计的规定。

第四章　审计结果运用

第十八条　单位应当建立健全审计发现问题整改机制，明确被审计单位主要负责人为整改第一责任人。对审计发现的问题和提出的建议，被审计单位应当及时整改，并将整改结果书面告知内部审计机构。

第十九条　单位对内部审计发现的典型性、普遍性、倾向性问题，应当及时分析研究，制定和完善相关管理制度，建立健全内部控制措施。

第二十条　内部审计机构应当加强与内部纪检监察、巡视巡察、组织人事等其他内部监督力量的协作配合，建立信息共享、结果共用、重要事项共同实施、问题整改问责共同落实等工作机制。

内部审计结果及整改情况应当作为考核、任免、奖惩干部和相关决策的重要依据。

第二十一条　单位对内部审计发现的重大违纪违法问题线索，应当按照管辖权限依法依规及时移送纪检监察机关、司法机关。

第二十二条　审计机关在审计中，特别是在国家机关、事业单位和国有企业三级以下单位审计中，应当有效利用内部审计力量和成果。对内部审计发现且已经纠正的问题不再在审计报告中反映。

第五章　对内部审计工作的指导和监督

第二十三条　审计机关应当依法对内部审计工作进行业务

指导和监督，明确内部职能机构和专职人员，并履行下列职责：

（一）起草有关内部审计工作的法规草案；

（二）制定有关内部审计工作的规章制度和规划；

（三）推动单位建立健全内部审计制度；

（四）指导内部审计统筹安排审计计划，突出审计重点；

（五）监督内部审计职责履行情况，检查内部审计业务质量；

（六）指导内部审计自律组织开展工作；

（七）法律、法规规定的其他职责。

第二十四条 审计机关可以通过业务培训、交流研讨等方式，加强对内部审计人员的业务指导。

第二十五条 审计机关应当对单位报送的备案资料进行分析，将其作为编制年度审计项目计划的参考依据。

第二十六条 审计机关可以采取日常监督、结合审计项目监督、专项检查等方式，对单位的内部审计制度建立健全情况、内部审计工作质量情况等进行指导和监督。

对内部审计制度建设和内部审计工作质量存在问题的，审计机关应当督促单位内部审计机构及时进行整改并书面报告整改情况；情节严重的，应当通报批评并视情况抄送有关主管部门。

第二十七条 审计机关应当按照国家有关规定对内部审计自律组织进行政策和业务指导，推动内部审计自律组织按照法律法规和章程开展活动。必要时，可以向内部审计自律组织购买服务。

第六章 责任追究

第二十八条 被审计单位有下列情形之一的，由单位党组织、董事会（或者主要负责人）责令改正，并对直接负责的主管人员和其他直接责任人员进行处理：

（一）拒绝接受或者不配合内部审计工作的；

（二）拒绝、拖延提供与内部审计事项有关的资料，或者提供资料不真实、不完整的；

（三）拒不纠正审计发现问题的；

（四）整改不力、屡审屡犯的；

（五）违反国家规定或者本单位内部规定的其他情形。

第二十九条 内部审计机构或者履行内部审计职责的内设机构和内部审计人员有下列情形之一的，由单位对直接负责的主管人员和其他直接责任人员进行处理；涉嫌犯罪的，移送司法机关依法追究刑事责任：

（一）未按有关法律法规、本规定和内部审计职业规范实施审计导致应当发现的问题未被发现并造成严重后果的；

（二）隐瞒审计查出的问题或者提供虚假审计报告的；

（三）泄露国家秘密或者商业秘密的；

（四）利用职权谋取私利的；

（五）违反国家规定或者本单位内部规定的其他情形。

第三十条 内部审计人员因履行职责受到打击、报复、陷害的，单位党组织、董事会（或者主要负责人）应当及时采取保护措施，并对相关责任人员进行处理；涉嫌犯罪的，移送司法机关依法追究刑事责任。

第七章　附　　则

第三十一条　本规定所称国有企业是指国有和国有资本占控股地位或者主导地位的企业、金融机构。

第三十二条　不属于审计机关审计监督对象的单位的内部审计工作，可以参照本规定执行。

第三十三条　本规定由审计署负责解释。

第三十四条　本规定自2018年3月1日起施行。审计署于2003年3月4日发布的《审计署关于内部审计工作的规定》（2003年审计署第4号令）同时废止。

中华全国总工会办公厅关于印发《基层工会经费审查委员会工作条例》的通知

（工厅审字〔1990〕58号　1990年11月15日）

各省、自治区、直辖市总工会、经费审查委员会，各全国产业工会，全总各部门、各直属单位，各计划单列市总工会、新疆生产建设兵团工会、经费审查委员会：

为了适应工会建设和改革的需要，加强工会经费的审查和监督，把工会经审工作的重点放在基层，使基层工会的经费审查工作做到经常化、制度化、规范化，为全面履行工会的社会职能，发展工会事业服务，在总结各地实践经验的基础上，对全国总工会 1980 年 2 月颁发的《基层工会经费审查委员会暂行工作条例》进行了修改、充实和完善。现将修订的《基层工会经费审查委员会工会条例》印发给你们，请结合本地区、本部门、本单位的实际，认真贯彻执行。

附件：

基层工会经费审查委员会工作条例

第一章 总 则

第一条 为加强对基层工会及所属企业、事业财务收支和财产管理的审查，监督财经法纪的贯彻执行和工会经费的合理使用，发扬财务民主，密切工会组织同会员群众的联系，为全面履行工会的社会职能，促进工会事业的发展服务，根据《中国工会章程》和《工会各级经费审查委员会组织通则》及有关规定，制订本条例。

第二条 基层工会经费审查委员会是代表会员群众对基层工会及所属企业、事业单位经费收支和财产管理的真实、完整、合法及效益进行审查监督的组织，由同级工会会员大会或会员代表大会选举产生。

基层工会内部审计职权由基层工会经费审查委员会行使。

第三条 基层工会经费审查委员会向同级工会会员大会或会员代表大会负责并报告工作；在大会闭会期间，向同级工会委员会负责并报告工作。

基层工会经费审查委员会接受上级工会经费审查委员会的业务指导和督促检查。

第四条 基层工会经费审查委员会依照国家法规、政策和工运方针、任务、工会财务制度、纪律，独立行使审查监督权。

基层工会委员会应尊重和保证基层工会经费审查委员会依法行使审查监督的职权。对工会经费审查委员会提出的正确意见，应予支持和采纳。

第二章 组织和成员

第五条 凡建立一级工会财务管理的工会基层组织，必须在选举工会基层委员会的同时，选举产生经费审查委员会。

工会基层委员会下辖的管钱管物、举办企业、事业的车间工会，可经车间工会会员大会或会员代表大会选举产生经费审查小组或经费审查委员。

第六条 基层工会经费审查委员会一般由三至十一名委员组成。大型企业可根据需要适当增加委员名额。经费审查委员会成员，应选举坚持四项基本原则，密切联系群众，热心工会经审工作，懂得财经政策，能坚持原则、求实公正、廉洁奉公的会员担任。

为有利于代表会员群众进行有效的审查监督，委员中一般应包括工会干部、财会或审计人员和其他的会员群众代表，本级工会委员会主持财务工作的负责人及其管钱、管物人员不得兼任本级工会经费审查委员会的成员。

第七条　基层工会经费审查委员会设主任一人，负责召集经费审查委员会会议，主持经费审查委员会的日常工作。工作需要时，设副主任一至二人，协助主任工作。主任、副主任由经费审查委员会全体会议选举产生。选举结果，报上一级工会委员会批准。

第八条　基层工会经费审查委员会的任期与基层工会委员会相同。在任期内，如有成员出缺，由同级会员大会或会员代表大会补选。其主要负责人的任免，要征得上一级工会委员会的同意，履行民主程序。

第九条　基层工会经费审查委员会，根据工作需要，可聘请工会积极分子参加审查工作。

第三章　工 作 任 务

第十条　基层工会经费审查委员会对基层工会及所属企业、事业经费收支和财产管理的下列事项进行审查监督：

（一）工会经费收入、上解和支出预算的制定、执行和决算；

（二）与工会经费收支有关的经济、技术活动及其效益；

（三）工会经费专项基金的提取、使用；

（四）工会财产的安全、完整；

（五）工会内部控制制度的建立、健全、有效；

（六）国家财经法规、条例和工会财务制度、纪律的执行情况；

（七）国家和上级工会规定的其他审查事项。

第十一条 基层工会经费审查委员会有责任检查工会会员大会或会员代表大会关于工会财务工作决议的执行情况，督促和审查工会委员会定期向会员群众公布账目和向会员大会或会员代表大会报告财务收支情况；检查对经费审查委员会全体会议决议的执行情况。

第十二条 深入实际，深入群众，调查研究，总结经验，对收好、管好、用好各项经费和加强工会财产管理，提高所属企业、事业的效益，提出意见和建议。

第十三条 宣传党和国家的财经方针政策，支持工会财务人员依法履行职责，对模范执行财务制度、纪律，在财务工作方面取得显著成绩的单位、人员，建议会员大会或会员代表大会给予表彰和奖励；同铺张浪费、私设小金库和私分钱物、贪污盗窃、侵占国家和工会财物等现象进行斗争。

第十四条 在基层工会组织机构变动和财务、财产管理负责人调动工作时，负责监督做好交接工作。

第四章　主要职权

第十五条 基层工会经费审查委员会委员列席同级工会委

员会全体会议。在设工会基层委员会常务委员会的基层工会，不是常务委员会成员的该工会基层经费审查委员会的主任、副主任有权列席常务委员会会议。主任、副主任或经指定人员参加各该基层工会有关财务工作的会议。

第十六条 基层工会经费审查委员会有下列审查权：

（一）要求基层工会及所属企业、事业单位按时报送有关的计划、预算、决算、会计报表和文件资料，听取他们的汇报；

（二）检查凭证、账表、决算、资金和财产，查阅有关的文件和资料；

（三）对审查中发现的问题，向被审查单位和有关人员调查并取得证明材料；

（四）对正在进行的严重违反财经法纪、严重损失浪费行为，提请同级工会委员会或上级工会及时制止，并对已造成的损失作出处理决定；

（五）遇有阻挠、破坏审查工作时，有权采取封存账册、印鉴和资财等临时措施，并提出追究有关人员的责任的意见。

第十七条 基层工会经费审查委员会对基层工会及其所属企业、事业单位违反财经法纪的有关责任人员，有权建议同级工会委员会或上级工会给予纪律处分或经济制裁，触犯刑律者，提请司法机关依法追究刑事责任。

第十八条 基层工会委员会向上级工会报送预算、决算，向会员和上级工会报告经费收支情况时，预算、决算、报告必须经同级工会经费审查委员会审查、签署、盖章。

第十九条 基层工会经费审查委员会对审查工作中的重大事项，有权向上级工会委员会、经费审查委员会反映。

第五章 审查方式和程序

第二十条 基层工会经费审查委员会主要采取下列方式进行审查工作：

（一）定期召开经费审查委员会全体会议审查基层工会委员会提出的预算和决算方案，听取预算执行情况的报告，审议预算的调整和追加事项；

（二）对基层工会经费的收入、上解、管理、重大开支事项或会员群众反映的重要问题，进行专题审查；

（三）对基层工会所属企业、事业单位的经费收支、社会效益和经济效益状况，对工会财产的管理状况，进行定期的报送审查或就地审查；

（四）参加同级工会组织的财务大检查工作，参与检查监督。

第二十一条 基层工会经费审查委员会进行审查工作的主要程序是：

（一）根据国家和上级工会的规定、要求以及本单位的实际情况，制定对基层工会及所属企业、事业进行审查的工作计划。

（二）审查前，应当通知基层工会或被审查的所属企业、事业单位。

（三）审查终结，应将审查结果、处理意见和改进工作的建议报告基层工会委员会。报送前，应征求被审查单位的意见。

（四）基层工会委员会应及时研究处理，并将处理意见和执行情况向基层工会经费审查委员会通报。

（五）被审查单位对处理决定如有异议，可以提请复议。如复议后原决定仍维持不变，被审查单位必须执行。

（六）基层工会经费审查委员会与基层工会委员会在重大问题上意见不一致时，应同时报请上级工会委员会和经费审查委员会处理。

第六章　工作制度和工作方法

第二十二条　基层工会经费审查委员会实行集体领导制、民主集中制。讨论问题时，应充分发扬民主。决定问题时，由全体委员的过半数通过。日常工作，委员会各有分工，并根据实际情况建立学习、会议、审查、调研、计划、总结等制度。

第二十三条　基层工会经费审查委员会要认真贯彻执行群众路线，广泛听取和定期征求会员群众的意见、要求，宣传党和国家的财经方针政策，依靠广大会员群众和积极分子做好工作。

第二十四条　基层工会经费审查委员会应加强与基层工会委员会及其财务工作委员会的经常联系，加强同本单位行政财务、劳资、内审等部门的联系，沟通情况，取得支持和帮助，密切协作，做好工作。

第二十五条　基层工会经费审查人员（含积极分子）要认

真学习和贯彻执行党、政府和上级工会的有关方针、政策、制度、规定，坚持原则，忠于职守，秉公办事，尽职尽责，自觉接受会员群众监督。工作表现突出的优秀经费审查人员应受到同级工会或上级工会委员会、经费审查委员会的表彰、奖励。

经费审查人员行使职权受国家法律和工会章程的保护，任何单位及人员不得给予不公正对待甚至打击报复。当发生这种错误做法时，基层工会和上级工会应当进行干预，加以纠正，并对打击报复者严肃处理。

上级工会有关财经法规、政策、制度、纪律及对预算、决算的批复等文件，应同时发给基层工会经费审查委员会；基层工会经费审查委员会开展工作必需的工作时间、办公用品、活动经费等应得到保证。

基层工会经费审查委员会公章的规格，与同级工会委员会相同。

第七章　附　　则

第二十六条　基层工会经费审查委员会可以根据本条例的规定，结合本单位的实际，制订执行本条例的工作细则。

第二十七条　本条例由中华全国总工会经费审查委员会负责解释。

第二十八条　本条例自公布之日起施行。一九八〇年二月颁发的《中华全国总工会基层工会经费审查委员会暂行工作条例》同时废止。

会计基础工作规范

（1996 年 6 月 17 日　财会字〔1996〕19 号公布　根据 2019 年 3 月 14 日《财政部关于修改〈代理记账管理办法〉等 2 部部门规章的决定》修改　2019 年 3 月 14 日中华人民共和国财政部令第 98 号公布）

第一章　总　　则

第一条　为了加强会计基础工作，建立规范的会计工作秩序，提高会计工作水平，根据《中华人民共和国会计法》的有关规定，制定本规范。

第二条　国家机关、社会团体、企业、事业单位、个体工商户和其他组织的会计基础工作，应当符合本规范的规定。

第三条　各单位应当依据有关法律、法规和本规范的规定，加强会计基础工作，严格执行会计法规制度，保证会计工作依法有序地进行。

第四条　单位领导人对本单位的会计基础工作负有领导责任。

第五条　各省、自治区、直辖市财政厅（局）要加强对会计基础工作的管理和指导，通过政策引导、经验交流、监督检查等措施，促进基层单位加强会计基础工作，不断提高会计工作水平。

国务院各业务主管部门根据职责权限管理本部门的会计基础工作。

第二章　会计机构和会计人员

第一节　会计机构设置和会计人员配备

第六条　各单位应当根据会计业务的需要设置会计机构；不具备单独设置会计机构条件的，应当在有关机构中配备专职会计人员。

事业行政单位会计机构的设置和会计人员的配备，应当符合国家统一事业行政单位会计制度的规定。

设置会计机构，应当配备会计机构负责人；在有关机构中配备专职会计人员，应当在专职会计人员中指定会计主管人员。

会计机构负责人、会计主管人员的任免，应当符合《中华人民共和国会计法》和有关法律的规定。

第七条　会计机构负责人、会计主管人员应当具备下列基本条件：

（一）坚持原则，廉洁奉公；

（二）具备会计师以上专业技术职务资格或者从事会计工作不少于三年；

（三）熟悉国家财经法律、法规、规章和方针、政策，掌握本行业业务管理的有关知识；

（四）有较强的组织能力；

（五）身体状况能够适应本职工作的要求。

第八条　没有设置会计机构或者配备会计人员的单位，应当根据《代理记账管理办法》的规定，委托会计师事务所或者持有代理记账许可证书的代理记账机构进行代理记账。

第九条　大、中型企业、事业单位、业务主管部门应当根据法律和国家有关规定设置总会计师。总会计师由具有会计师以上专业技术资格的人员担任。

总会计师行使《总会计师条例》规定的职责、权限。

总会计师的任命（聘任）、免职（解聘）依照《总会计师条例》和有关法律的规定办理。

第十条　各单位应当根据会计业务需要配备会计人员，督促其遵守职业道德和国家统一的会计制度。

第十一条　各单位应当根据会计业务需要设置会计工作岗位。

会计工作岗位一般可分为：会计机构负责人或者会计主管人员，出纳，财产物资核算，工资核算，成本费用核算，财务成果核算，资金核算，往来结算，总账报表，稽核，档案管理等。开展会计电算化和管理会计的单位，可以根据需要设置相应工作岗位，也可以与其他工作岗位相结合。

第十二条　会计工作岗位，可以一人一岗、一人多岗或者一岗多人。但出纳人员不得兼管稽核、会计档案保管和收入、费用、债权债务账目的登记工作。

第十三条 会计人员的工作岗位应当有计划地进行轮换。

第十四条 会计人员应当具备必要的专业知识和专业技能，熟悉国家有关法律、法规、规章和国家统一会计制度，遵守职业道德。

会计人员应当按照国家有关规定参加会计业务的培训。各单位应当合理安排会计人员的培训，保证会计人员每年有一定时间用于学习和参加培训。

第十五条 各单位领导人应当支持会计机构、会计人员依法行使职权；对忠于职守，坚持原则，做出显著成绩的会计机构、会计人员，应当给予精神的和物质的奖励。

第十六条 国家机关、国有企业、事业单位任用会计人员应当实行回避制度。

单位领导人的直系亲属不得担任本单位的会计机构负责人、会计主管人员。会计机构负责人、会计主管人员的直系亲属不得在本单位会计机构中担任出纳工作。

需要回避的直系亲属为：夫妻关系、直系血亲关系、三代以内旁系血亲以及配偶亲关系。

第二节　会计人员职业道德

第十七条 会计人员在会计工作中应当遵守职业道德，树立良好的职业品质、严谨的工作作风，严守工作纪律，努力提高工作效率和工作质量。

第十八条 会计人员应当热爱本职工作，努力钻研业务，使自己的知识和技能适应所从事工作的要求。

第十九条 会计人员应当熟悉财经法律、法规、规章和国家统一会计制度，并结合会计工作进行广泛宣传。

第二十条 会计人员应当按照会计法规、法规和国家统一会计制度规定的程序和要求进行会计工作，保证所提供的会计信息合法、真实、准确、及时、完整。

第二十一条 会计人员办理会计事务应当实事求是、客观公正。

第二十二条 会计人员应当熟悉本单位的生产经营和业务管理情况，运用掌握的会计信息和会计方法，为改善单位内部管理、提高经济效益服务。

第二十三条 会计人员应当保守本单位的商业秘密。除法律规定和单位领导人同意外，不能私自向外界提供或者泄露单位的会计信息。

第二十四条 财政部门、业务主管部门和各单位应当定期检查会计人员遵守职业道德的情况，并作为会计人员晋升、晋级、聘任专业职务、表彰奖励的重要考核依据。

会计人员违反职业道德的，由所在单位进行处理。

第三节 会计工作交接

第二十五条 会计人员工作调动或者因故离职，必须将本人所经管的会计工作全部移交给接替人员。没有办清交接手续的，不得调动或者离职。

第二十六条 接替人员应当认真接管移交工作，并继续办理移交的未了事项。

第二十七条 会计人员办理移交手续前，必须及时做好以下工作：

（一）已经受理的经济业务尚未填制会计凭证的，应当填制完毕。

（二）尚未登记的账目，应当登记完毕，并在最后一笔余额后加盖经办人员印章。

（三）整理应该移交的各项资料，对未了事项写出书面材料。

（四）编制移交清册，列明应当移交的会计凭证、会计账簿、会计报表、印章、现金、有价证券、支票簿、发票、文件、其他会计资料和物品等内容；实行会计电算化的单位，从事该项工作的移交人员还应当在移交清册中列明会计软件及密码、会计软件数据磁盘（磁带等）及有关资料、实物等内容。

第二十八条 会计人员办理交接手续，必须有监交人负责监交。一般会计人员交接，由单位会计机构负责人、会计主管人员负责监交；会计机构负责人、会计主管人员交接，由单位领导人负责监交，必要时可由上级主管部门派人会同监交。

第二十九条 移交人员在办理移交时，要按移交清册逐项移交；接替人员要逐项核对点收。

（一）现金、有价证券要根据会计账簿有关记录进行点交。库存现金、有价证券必须与会计账簿记录保持一致。不一致时，移交人员必须限期查清。

（二）会计凭证、会计账簿、会计报表和其他会计资料必须完整无缺。如有短缺，必须查清原因，并在移交清册中注明，由移交人员负责。

（三）银行存款账户余额要与银行对账单核对，如不一致，应当编制银行存款余额调节表调节相符，各种财产物资和债权债务的明细账户余额要与总账有关账户余额核对相符；必要时，要抽查个别账户的余额，与实物核对相符，或者与往来单位、个人核对清楚。

（四）移交人员经管的票据、印章和其他实物等，必须交接清楚；移交人员从事会计电算化工作的，要对有关电子数据在实际操作状态下进行交接。

第三十条　会计机构负责人、会计主管人员移交时，还必须将全部财务会计工作、重大财务收支和会计人员的情况等，向接替人员详细介绍。对需要移交的遗留问题，应当写出书面材料。

第三十一条　交接完毕后，交接双方和监交人员要在移交注册上签名或者盖章。并应在移交注册上注明：单位名称，交接日期，交接双方和监交人员的职务、姓名，移交清册页数以及需要说明的问题和意见等。

移交清册一般应当填制一式三份，交接双方各执一份，存档一份。

第三十二条　接替人员应当继续使用移交的会计账簿，不得自行另立新账，以保持会计记录的连续性。

第三十三条　会计人员临时离职或者因病不能工作且需要

接替或者代理的，会计机构负责人、会计主管人员或者单位领导人必须指定有关人员接替或者代理，并办理交接手续。

临时离职或者因病不能工作的会计人员恢复工作的，应当与接替或者代理人员办理交接手续。

移交人员因病或者其他特殊原因不能亲自办理移交的，经单位领导人批准，可由移交人员委托他人代办移交，但委托人应当承担本规范第三十五条规定的责任。

第三十四条 单位撤销时，必须留有必要的会计人员，会同有关人员办理清理工作，编制决算。未移交前，不得离职。接收单位和移交日期由主管部门确定。

单位合并、分立的，其会计工作交接手续比照上述有关规定办理。

第三十五条 移交人员对所移交的会计凭证、会计账簿、会计报表和其他有关资料的合法性、真实性承担法律责任。

第三章 会 计 核 算

第一节 会计核算一般要求

第三十六条 各单位应当按照《中华人民共和国会计法》和国家统一会计制度的规定建立会计账册，进行会计核算，及时提供合法、真实、准确、完整的会计信息。

第三十七条 各单位发生的下列事项，应当及时办理会计手续、进行会计核算：

（一）款项和有价证券的收付；

（二）财物的收发、增减和使用；

（三）债权债务的发生和结算；

（四）资本、基金的增减；

（五）收入、支出、费用、成本的计算；

（六）财务成果的计算和处理；

（七）其他需要办理会计手续、进行会计核算的事项。

第三十八条 各单位的会计核算应当以实际发生的经济业务为依据，按照规定的会计处理方法进行，保证会计指标的口径一致、相互可比和会计处理方法的前后各期相一致。

第三十九条 会计年度自公历1月1日起至12月31日止。

第四十条 会计核算以人民币为记账本位币。

收支业务以外国货币为主的单位，也可以选定某种外国货币作为记账本位币，但是编制的会计报表应当折算为人民币反映。

境外单位向国内有关部门编报的会计报表，应当折算为人民币反映。

第四十一条 各单位根据国家统一会计制度的要求，在不影响会计核算要求、会计报表指标汇总和对外统一会计报表的前提下，可以根据实际情况自行设置和使用会计科目。

事业行政单位会计科目的设置和使用，应当符合国家统一事业行政单位会计制度的规定。

第四十二条 会计凭证、会计账簿、会计报表和其他会计资料的内容和要求必须符合国家统一会计制度的规定，不得伪造、变造会计凭证和会计账簿，不得设置账外账，不得报送虚假会计报表。

第四十三条 各单位对外报送的会计报表格式由财政部统一规定。

第四十四条 实行会计电算化的单位，对使用的会计软件及其生成的会计凭证、会计账簿、会计报表和其他会计资料的要求，应当符合财政部关于会计电算化的有关规定。

第四十五条 各单位的会计凭证、会计账簿、会计报表和其他会计资料，应当建立档案，妥善保管。会计档案建档要求、保管期限、销毁办法等依据《会计档案管理办法》的规定进行。

实行会计电算化的单位，有关电子数据、会计软件资料等应当作为会计档案进行管理。

第四十六条 会计记录的文字应当使用中文，少数民族自治地区可以同时使用少数民族文字。中国境内的外商投资企业、外国企业和其他外国经济组织也可以同时使用某种外国文字。

第二节 填制会计凭证

第四十七条 各单位办理本规范第三十七条规定的事项，必须取得或者填制原始凭证，并及时送交会计机构。

第四十八条 原始凭证的基本要求是：

（一）原始凭证的内容必须具备：凭证的名称；填制凭证的日期；填制凭证单位名称或者填制人姓名；经办人员的签名或者盖章；接受凭证单位名称；经济业务内容；数量、单价和金额。

（二）从外单位取得的原始凭证，必须盖有填制单位的公章；从个人取得的原始凭证，必须有填制人员的签名或者盖章。自制原始凭证必须有经办单位领导人或者其指定的人员签名或者盖章。对外开出的原始凭证，必须加盖本单位公章。

（三）凡填有大写和小写金额的原始凭证，大写与小写金额必须相符。购买实物的原始凭证，必须有验收证明。支付款项的原始凭证，必须有收款单位和收款人的收款证明。

（四）一式几联的原始凭证，应当注明各联的用途，只能以一联作为报销凭证。

一式几联的发票和收据，必须用双面复写纸（发票和收据本身具备复写纸功能的除外）套写，并连续编号。作废时应当加盖“作废”戳记，连同存根一起保存，不得撕毁。

（五）发生销货退回的，除填制退货发票外，还必须有退货验收证明；退款时，必须取得对方的收款收据或者汇款银行的凭证，不得以退货发票代替收据。

（六）职工公出借款凭据，必须附在记账凭证之后。收回借款时，应当另开收据或者退还借据副本，不得退还原借款收据。

（七）经上级有关部门批准的经济业务，应当将批准文件作为原始凭证附件。如果批准文件需要单独归档的，应当在凭证上注明批准机关名称、日期和文件字号。

第四十九条 原始凭证不得涂改、挖补。发现原始凭证有错误的，应当由开出单位重开或者更正，更正处应当加盖开出单位的公章。

第五十条 会计机构、会计人员要根据审核无误的原始凭证填制记账凭证。

记账凭证可以分为收款凭证、付款凭证和转账凭证，也可以使用通用记账凭证。

第五十一条 记账凭证的基本要求是：

（一）记账凭证的内容必须具备：填制凭证的日期；凭证编号；经济业务摘要；会计科目；金额；所附原始凭证张数；填制凭证人员、稽核人员、记账人员、会计机构负责人、会计主管人员签名或者盖章。收款和付款记账凭证还应当由出纳人员签名或者盖章。

以自制的原始凭证或者原始凭证汇总表代替记账凭证的，也必须具备记账凭证应有的项目。

（二）填制记账凭证时，应当对记账凭证进行连续编号。一笔经济业务需要填制两张以上记账凭证的，可以采用分数编号法编号。

（三）记账凭证可以根据每一张原始凭证填制，或者根据若干张同类原始凭证汇总填制，也可以根据原始凭证汇总表填制。但不得将不同内容和类别的原始凭证汇总填制在一张记账凭证上。

（四）除结账和更正错误的记账凭证可以不附原始凭证外，其他记账凭证必须附有原始凭证。如果一张原始凭证涉及几张记账凭证，可以把原始凭证附在一张主要的记账凭证后面，并在其他记账凭证上注明附有该原始凭证的记账凭证的编号或者附原始凭证复印件。

一张复始凭证所列支出需要几个单位共同负担的，应当将其他单位负担的部分，开给对方原始凭证分割单，进行结算。原始凭证分割单必须具备原始凭证的基本内容：凭证名称、填制凭证日期、填制凭证单位名称或者填制人姓名、经办人的签名或者盖章、接受凭证单位名称、经济业务内容、数量、单价、金额和费用分摊情况等。

（五）如果在填制记账凭证时发生错误，应当重新填制。

已经登记入账的记账凭证，在当年内发现填写错误时，可以用红字填写一张与原内容相同的记账凭证，在摘要栏注明“注销某月某日某号凭证”字样，同时再用蓝字重新填制一张正确的记账凭证，注明“订正某月某日某号凭证”字样。如果会计科目没有错误，只是金额错误，也可以将正确数字与错误数字之间的差额，另编一张调整的记账凭证，调增金额用蓝字，调减金额用红字。发现以前年度记账凭证有错误的，应当用蓝字填制一张更正的记账凭证。

（六）记账凭证填制完经济业务事项后，如有空行，应当自金额栏最后一笔金额数字下的空行处至合计数上的空行处划线注销。

第五十二条 填制会计凭证，字迹必须清晰、工整，并符合下列要求：

（一）阿拉伯数字应当一个一个地写，不得连笔写。阿拉伯金额数字前面应当书写货币币种符号或者货币名称简写和币种符号。币种符号与阿拉伯金额数字之间不得留有空白。凡阿拉伯数字前写有币种符号的，数字后面不再写货币单位。

（二）所有以元为单位（其他货币种类为货币基本单位，下同）的阿拉伯数字，除表示单价等情况外，一律填写到角分；无角分的，角位和分位可写“00”，或者符号“——”；有角无分的，分位应当写“0”，不得用符号“——”代替。

（三）汉字大写数字金额如零、壹、贰、叁、肆、伍、陆、柒、捌、玖、拾、佰、仟、万、亿等，一律用正楷或者行书体书写，不得用0、一、二、三、四、五、六、七、八、九、十等简化字代替，不得任意自造简化字。大写金额数字到元或者角为止的，在“元”或者“角”字之后应当写“整”字或者“正”字；大写金额数字有分的，分字后面不写“整”或者“正”字。

（四）大写金额数字前未印有货币名称的，应当加填货币名称，货币名称与金额数字之间不得留有空白。

（五）阿拉伯金额数字中间有“0”时，汉字大写金额要写“零”字；阿拉伯数字金额中间连续有几个“0”时，汉字大写金额中可以只写一个“零”字；阿拉伯金额数字元位是“0”，或者数字中间连续有几个“0”、元位也是“0”但角位不是“0”时，汉字大写金额可以只写一个“零”字，也可以不写“零”字。

第五十三条 实行会计电算化的单位，对于机制记账凭证，要认真审核，做到会计科目使用正确，数字准确无误。打印出的机制记账凭证要加盖制单人员、审核人员、记账人员及会计机构负责人、会计主管人员印章或者签字。

第五十四条　各单位会计凭证的传递程序应当科学、合理，具体办法由各单位根据会计业务需要自行规定。

第五十五条　会计机构、会计人员要妥善保管会计凭证。

（一）会计凭证应当及时传递，不得积压。

（二）会计凭证登记完毕后，应当按照分类和编号顺序保管，不得散乱丢失。

（三）记账凭证应当连同所附的原始凭证或者原始凭证汇总表，按照编号顺序，折叠整齐，按期装订成册，并加具封面，注明单位名称、年度、月份和起讫日期、凭证种类、起讫号码，由装订人在装订线封签外签名或者盖章。

对于数量过多的原始凭证，可以单独装订保管，在封面上注明记账凭证日期、编号、种类，同时在记账凭证上注明“附件另订”和原始凭证名称及编号。

各种经济合同、存出保证金收据以及涉外文件等重要原始凭证，应当另编目录，单独登记保管，并在有关的记账凭证和原始凭证上相互注明日期和编号。

（四）原始凭证不得外借，其他单位如因特殊原因需要使用原始凭证时，经本单位会计机构负责人、会计主管人员批准，可以复制。向外单位提供的原始凭证复制件，应当在专设的登记簿上登记，并由提供人员和收取人员共同签名或者盖章。

（五）从外单位取得的原始凭证如有遗失，应当取得原开出单位盖有公章的证明，并注明原来凭证的号码、金额和内容等，由经办单位会计机构负责人、会计主管人员和单位领导人批准后，才能代作原始凭证。如果确实无法取得证明的，如火车、轮船、飞机票等凭证，由当事人写出详细情况，由经办单位会计机构负责人、会计主管人员和单位领导人批准后，代作原始凭证。

第三节　登记会计账簿

第五十六条　各单位应当按照国家统一会计制度的规定和会计业务的需要设置会计账簿。会计账簿包括总账、明细账、日记账和其他辅助性账簿。

第五十七条　现金日记账和银行存款日记账必须采用订本式账簿。不得用银行对账单或者其他方法代替日记账。

第五十八条　实行会计电算化的单位，用计算机打印的会计账簿必须连续编号，经审核无误后装订成册，并由记账人员和会计机构负责人、会计主管人员签字或者盖章。

第五十九条　启用会计账簿时，应当在账簿封面上写明单位名称和账簿名称。在账簿扉页上应当附启用表，内容包括：启用日期、账簿页数、记账人员和会计机构负责人、会计主管人员姓名，并加盖名章和单位公章。记账人员或者会计机构负责人、会计主管人员调动工作时，应当注明交接日期、接办人员或者监交人员姓名，并由交接双方人员签名或者盖章。

启用订本式账簿，应当从第一页到最后一页顺序编定页数，不得跳页、缺号。使用活页式账页，应当按账户顺序编号，并须定期装订成册。装订后再按实际使用的账页顺序编定页码。另加目录，记明每个账户的名称和页次。

第六十条 会计人员应当根据审核无误的会计凭证登记会计账簿。登记账簿的基本要求是：

（一）登记会计账簿时，应当将会计凭证日期、编号、业务内容摘要、金额和其他有关资料逐项记入账内，做到数字准确、摘要清楚、登记及时、字迹工整。

（二）登记完毕后，要在记账凭证上签名或者盖章，并注明已经登账的符号，表示已经记账。

（三）账簿中书写的文字和数字上面要留有适当空格，不要写满格；一般应占格距的二分之一。

（四）登记账簿要用蓝黑墨水或者碳素墨水书写，不得使用圆珠笔（银行的复写账簿除外）或者铅笔书写。

（五）下列情况，可以用红色墨水记账：

1. 按照红字冲账的记账凭证，冲销错误记录；

2. 在不设借贷等栏的多栏式账页中，登记减少数；

3. 在三栏式账户的余额栏前，如未印明余额方向的，在余额栏内登记负数余额；

4. 根据国家统一会计制度的规定可以用红字登记的其他会计记录。

（六）各种账簿按页次顺序连续登记，不得跳行、隔页。如果发生跳行、隔页，应当将空行、空页划线注销，或者注明

“此行空白”、“此页空白”字样，并由记账人员签名或者盖章。

（七）凡需要结出余额的账户，结出余额后，应当在“借或贷”等栏内写明“借”或者“贷”等字样。没有余额的账户，应当在“借或贷”等栏内写“平”字，并在余额栏内用“Q”表示。

现金日记账和银行存款日记账必须逐日结出余额。

（八）每一账页登记完毕结转下页时，应当结出本页合计数及余额，写在本页最后一行和下页第一行有关栏内，并在摘要栏内注明“过次页”和“承前页”字样；也可以将本页合计数及金额只写在下页第一行有关栏内，并在摘要栏内注明“承前页”字样。

对需要结计本月发生额的账户，结计“过次页”的本页合计数应当为自本月初起至本页末止的发生额合计数；对需要结计本年累计发生额的账户，结计“过次页”的本页合计数应当为自年初起至本页末止的累计数；对既不需要结计本月发生额也不需要结计本年累计发生额的账户，可以只将每页末的余额结转次页。

第六十一条 账簿记录发生错误，不准涂改、挖补、刮擦或者用药水消除字迹，不准重新抄写，必须按照下列方法进行更正：

（一）登记账簿时发生错误，应当将错误的文字或者数字划红线注销，但必须使原有字迹仍可辨认；然后在划线上方填写正确的文字或者数字，并由记账人员在更正处盖章。对于错误的数字，应当全部划红线更正，不得只更正其中的错误数字。对于文字错误，可只划去错误的部分。

（二）由于记账凭证错误而使账簿记录发生错误，应当按更正的记账凭证登记账簿。

第六十二条 各单位应当定期对会计账簿记录的有关数字与库存实物、货币资金、有价证券、往来单位或者个人等进行相互核对，保证账证相符、账账相符、账实相符。对账工作每年至少进行一次。

（一）账证核对。核对会计账簿记录与原始凭证、记账凭证的时间、凭证字号、内容、金额是否一致，记账方向是否相符。

（二）账账核对。核对不同会计账簿之间的账簿记录是否相符，包括：总账有关账户的余额核对，总账与明细账核对，总账与日记账核对，会计部门的财产物资明细账与财产物资保管和使用部门的有关明细账核对等。

（三）账实核对。核对会计账簿记录与财产等实有数额是否相符。包括：现金日记账账面余额与现金实际库存数相核对；银行存款日记账账面余额定期与银行对账单相核对；各种财物明细账账面余额与财物实存数额相核对；各种应收、应付款明细账账面余额与有关债务、债权单位或者个人核对等。

第六十三条 各单位应当按照规定定期结账。

（一）结账前，必须将本期内所发生的各项经济业务全部登记入账。

（二）结账时，应当结出每个账户的期末余额。需要结出当月发生额的，应当在摘要栏内注明“本月合计”字样，并在下面通栏划单红线。需要结出本年累计发生额的，应当在摘要栏内注明“本年累计”字样，并在下面通栏划单红线；12 月末的“本年累计”就是全年累计发生额。全年累计发生额下面应当通栏划双红线。年度终了结账时，所有总账账户都应当结出全年发生额和年末余额。

（三）年度终了，要把各账户的余额结转到下一会计年度，并在摘要栏注明“结转下年”字样；在下一会计年度新建有关会计账簿的第一行余额栏内填写上年结转的余额，并在摘要栏注明“上年结转”字样。

第四节　编制财务报告

第六十四条　各单位必须按照国家统一会计制度的规定，定期编制财务报告。

财务报告包括会计报表及其说明。会计报表包括会计报表主表、会计报表附表、会计报表附注。

第六十五条　各单位对外报送的财务报告应当根据国家统一会计制度规定的格式和要求编制。

单位内部使用的财务报告，其格式和要求由各单位自行规定。

第六十六条　会计报表应当根据登记完整、核对无误的会计账簿记录和其他有关资料编制，做到数字真实、计算准确、内容完整、说明清楚。

任何人不得篡改或者授意、指使、强令他人篡改会计报表的有关数字。

第六十七条 会计报表之间、会计报表各项目之间，凡有对应关系的数字，应当相互一致。本期会计报表与上期会计报表之间有关的数字应当相互衔接。如果不同会计年度会计报表中各项目的内容和核算方法有变更的，应当在年度会计报表中加以说明。

第六十八条 各单位应当按照国家统一会计制度的规定认真编写会计报表附注及其说明，做到项目齐全，内容完整。

第六十九条 各单位应当按照国家规定的期限对外报送财务报告。

对外报送的财务报告，应当依次编写页码，加具封面，装订成册，加盖公章。封面上应当注明：单位名称，单位地址，财务报告所属年度、季度、月度，送出日期，并由单位领导人、总会计师、会计机构负责人、会计主管人员签名或者盖章。

单位领导人对财务报告的合法性、真实性负法律责任。

第七十条 根据法律和国家有关规定应当对财务报告进行审计的，财务报告编制单位应当先行委托注册会计师进行审计，并将注册会计师出具的审计报告随同财务报告按照规定的期限报送有关部门。

第七十一条 如果发现对外报送的财务报告有错误，应当及时办理更正手续。除更正本单位留存的财务报告外，并应同时通知接受财务报告的单位更正。错误较多的，应当重新编报。

第四章 会计监督

第七十二条 各单位的会计机构、会计人员对本单位的经济活动进行会计监督。

第七十三条 会计机构、会计人员进行会计监督的依据是：

（一）财经法律、法规、规章；

（二）会计法律、法规和国家统一会计制度；

（三）各省、自治区、直辖市财政厅（局）和国务院业务主管部门根据《中华人民共和国会计法》和国家统一会计制度制定的具体实施办法或者补充规定；

（四）各单位根据《中华人民共和国会计法》和国家统一会计制度制定的单位内部会计管理制度；

（五）各单位内部的预算、财务计划、经济计划、业务计划等。

第七十四条 会计机构、会计人员应当对原始凭证进行审核和监督。

对不真实、不合法的原始凭证，不予受理。对弄虚作假、严重违法的原始凭证，在不予受理的同时，应当予以扣留，并及时向单位领导人报告，请求查明原因，追究当事人的责任。

对记载不准确、不完整的原始凭证，予以退回，要求经办人员更正、补充。

第七十五条 会计机构、会计人员对伪造、变造、故意毁灭会计账簿或者账外设账行为，应当制止和纠正；制止和纠正无效的，应当向上级主管单位报告，请求作出处理。

第七十六条 会计机构、会计人员应当对实物、款项进行监督，督促建立并严格执行财产清查制度。发现账簿记录与实物、款项不符时，应当按照国家有关规定进行处理。超出会计机构、会计人员职权范围的，应当立即向本单位领导报告，请求查明原因，作出处理。

第七十七条 会计机构、会计人员对指使、强令编造、篡改财务报告行为，应当制止和纠正；制止和纠正无效的，应当向上级主管单位报告，请求处理。

第七十八条 会计机构、会计人员应当对财务收支进行监督。

（一）对审批手续不全的财务收支，应当退回，要求补充、更正。

（二）对违反规定不纳入单位统一会计核算的财务收支，应当制止和纠正。

（三）对违反国家统一的财政、财务、会计制度规定的财务收支，不予办理。

（四）对认为是违反国家统一的财政、财务、会计制度规定的财务收支，应当制止和纠正；制止和纠正无效的，应当向单位领导人提出书面意见，请求处理。

单位领导人应当在接到书面意见起十日内作出书面决定，并对决定承担责任。

（五）对违反国家统一的财政、财务、会计制度规定的财务收支，不予制止和纠正，又不向单位领导人提出书面意见的，也应当承担责任。

（六）对严重违反国家利益和社会公众利益的财务收支，应当向主管单位或者财政、审计、税务机关报告。

第七十九条 会计机构、会计人员对违反单位内部会计管理制度的经济活动，应当制止和纠正；制止和纠正无效的，向单位领导人报告，请求处理。

第八十条 会计机构、会计人员应当对单位制定的预算、财务计划、经济计划、业务计划的执行情况进行监督。

第八十一条 各单位必须依照法律和国家有关规定接受财政、审计、税务等机关的监督，如实提供会计凭证、会计账簿、会计报表和其他会计资料以及有关情况，不得拒绝、隐匿、谎报。

第八十二条 按照法律规定应当委托注册会计师进行审计的单位，应当委托注册会计师进行审计，并配合注册会计师的工作，如实提供会计凭证、会计账簿、会计报表和其他会计资料以及有关情况，不得拒绝、隐匿、谎报，不得示意注册会计师出具不当的审计报告。

第五章　内部会计管理制度

第八十三条 各单位应当根据《中华人民共和国会计法》和国家统一会计制度的规定，结合单位类型和内容管理的需要，建立健全相应的内部会计管理制度。

第八十四条　各单位制定内部会计管理制度应当遵循下列原则：

（一）应当执行法律、法规和国家统一的财务会计制度。

（二）应当体现本单位的生产经营、业务管理的特点和要求。

（三）应当全面规范本单位的各项会计工作，建立健全会计基础，保证会计工作的有序进行。

（四）应当科学、合理，便于操作和执行。

（五）应当定期检查执行情况。

（六）应当根据管理需要和执行中的问题不断完善。

第八十五条　各单位应当建立内部会计管理体系。主要内容包括：单位领导人、总会计师对会计工作的领导职责；会计部门及其会计机构负责人、会计主管人员的职责、权限；会计部门与其他职能部门的关系；会计核算的组织形式等。

第八十六条　各单位应当建立会计人员岗位责任制度。主要内容包括：会计人员的工作岗位设置；各会计工作岗位的职责和标准；各会计工作岗位的人员和具体分工；会计工作岗位轮换办法；对各会计工作岗位的考核办法。

第八十七条　各单位应当建立账务处理程序制度。主要内容包括：会计科目及其明细科目的设置和使用；会计凭证的格式、审核要求和传递程序；会计核算方法；会计账簿的设置；编制会计报表的种类和要求；单位会计指标体系。

第八十八条　各单位应当建立内部牵制制度。主要内容包括：内部牵制制度的原则；组织分工；出纳岗位的职责和限制条件；有关岗位的职责和权限。

第八十九条 各单位应当建立稽核制度。主要内容包括：稽核工作的组织形式和具体分工；稽核工作的职责、权限；审核会计凭证和复核会计账簿、会计报表的方法。

第九十条 各单位应当建立原始记录管理制度。主要内容包括：原始记录的内容和填制方法；原始记录的格式；原始记录的审核；原始记录填制人的责任；原始记录签署、传递、汇集要求。

第九十一条 各单位应当建立定额管理制度。主要内容包括：定额管理的范围；制定和修订定额的依据、程序和方法；定额的执行；定额考核和奖惩办法等。

第九十二条 各单位应当建立计量验收制度。主要内容包括：计量检测手段和方法；计量验收管理的要求；计量验收人员的责任和奖惩办法。

第九十三条 各单位应当建立财产清查制度。主要内容包括：财产清查的范围；财产清查的组织；财产清查的期限和方法；对财产清查中发现问题的处理办法；对财产管理人员的奖惩办法。

第九十四条 各单位应当建立财务收支审批制度。主要内容包括：财务收支审批人员和审批权限；财务收支审批程序；财务收支审批人员的责任。

第九十五条 实行成本核算的单位应当建立成本核算制度。

主要内容包括：成本核算的对象；成本核算的方法和程序；成本分析等。

第九十六条 各单位应当建立财务会计分析制度。主要内容包括：财务会计分析的主要内容；财务会计分析的基本要求和组织程序；财务会计分析的具体方法；财务会计分析报告的编写要求等。

第六章 附 则

第九十七条 本规范所称国家统一会计制度，是指由财政部制定、或者财政部与国务院有关部门联合制定、或者经财政部审核批准的在全国范围内统一执行的会计规章、准则、办法等规范性文件。

本规范所称会计主管人员，是指不设置会计机构、只在其他机构中设置专职会计人员的单位行使会计机构负责人职权的人员。

本规范第三章第二节和第三节关于填制会计凭证、登记会计账簿的规定，除特别指出外，一般适用于手工记账。实行会计电算化的单位，填制会计凭证和登记会计账簿的有关要求，应当符合财政部关于会计电算化的有关规定。

第九十八条 各省、自治区、直辖市财政厅（局）、国务院各业务主管部门可以根据本规范的原则，结合本地区、本部门的具体情况，制定具体实施办法，报财政部备案。

第九十九条 本规范由财政部负责解释、修改。

第一百条　本规范自公布之日起实施。1984 年 4 月 24 日财政部发布的《会计人员工作规则》同时废止。

中华全国总工会办公厅关于印发《工会财务会计管理规范》的通知

（总工办发〔2013〕20 号　2013 年 5 月 21 日）

各省、自治区、直辖市总工会，中华全国铁路总工会、中国民航工会全国委员会、中国金融工会全国委员会，中共中央直属机关工会联合会、中央国家机关工会联合会：

为进一步加强工会财务会计管理工作规范化建设，形成长效机制，全国总工会对 2009 年印发的《工会财务会计管理规范》进行了修订。现印发给你们，请认真贯彻实施，并将执行中遇到的问题及时报告全国总工会财务部。

附件：

工会财务会计管理规范

为切实加强各级工会财务会计管理，规范财务会计行为，提高资金使用效益，保证资金安全，根据国家有关法律法规和工会财务会计制度，制定本规范。

第一章 指导思想和总体目标

第一条 指导思想。以邓小平理论、“三个代表”重要思想和科学发展观为指导，全面推进工会财务会计管理规范化，切实提高工会财务会计管理水平，收好、管好、用好工会经费，为工会工作的开展提供可靠的物质保障。

第二条 总体目标。各级工会应在初步达到规范化要求的基础上，不断完善工会财务会计管理规范化工作，使之制度化、常态化、长期化，形成工会财务会计规范管理的长效机制。

第二章 工会财务会计管理规范

第三条 按照《会计法》《会计基础工作规范》以及全国总工会的有关规定设置财务会计机构、配备业务素质相适应的会计人员。

第四条 设置会计人员工作岗位并明确工作职责。

第五条 会计人员的任免符合法定手续。会计人员调动或离职按照国家有关规定办理交接手续。

第六条 会计工作人员持有会计从业资格证书，每年接受继续教育培训。

第七条 各级工会应当根据财务会计业务的需要，建立健全内部财务会计管理制度。主要包括：收支预算、决算制度，货币资金管理制度，票据管理制度，财务收支管理制度，专项资金管理制度，债权债务管理制度，账务处理程序制度，内部会计控制制度，经费定额管理制度，财产清查制度，财务会计分析制度，岗位责任制度，会计档案管理制度等。

第八条 严格遵守《预算法》等法律法规以及《工会预算管理办法》。

第九条 各级工会要按照《工会预算管理办法》编制工会经费预算、决算和组织预算执行；县级和县级以上工会要按照政府财政部门的要求编制政府补助资金部门预算、决算。预算编制做到程序规范、方法科学、编制及时、内容完整、项目细化、数据准确。

第十条 各级工会按照规定及时、足额拨缴工会经费。依法取得的各项收入全部列入预算。

第十一条 厉行节约，有效控制“三公经费”等行政支出。

第十二条 严肃财经纪律，没有“小金库”或账外设账行为。

第十三条 根据批复的预算安排各项收支，确保预算严格有效的执行。调整或追加预算，严格履行规定的程序。决算真实、完整、准确、及时。

第十四条 年度预算、决算按照规定程序审核、报批。实行预算绩效管理，建立“预算编制有目标、预算执行有监控、预算完成有评价、评价结果有反馈、反馈结果有应用”的全过程预算绩效管理和责任追究制度。

第十五条　按照《会计法》《会计基础工作规范》《工会会计制度》等规定建账。

第十六条　原始凭证的格式、内容、填制方法、审核程序等符合国家有关规定和工会会计制度的要求。

第十七条　记账凭证内容、填制方法、所附原始凭证、更正错误方法等符合国家有关规定和工会会计制度的要求，经有关人员签章，字迹清楚，装订整齐。

第十八条　会计账簿设置齐全，有总账、明细账（如各类收入明细账、各类支出明细账、拨缴经费收入台账、固定资产明细账、往来款项明细账等）、日记账（现金日记账、银行存款日记账），设有必要的辅助账簿（如财政划拨、税务代收工会经费辅助账等）和备查账簿（如低值易耗品、呆坏账处理备查账等）。各类账簿的启用、登记、结账、错误更正方法符合国家有关规定和工会会计制度，记账及时，文字规范。

第十九条　定期对会计账簿记录的有关数字与库存实物、货币资金、有价证券、往来单位或个人等进行相互核对，保证账证相符（会计账簿记录与原始凭证、记账凭证相符）、账账相符（不同会计账簿之间的账簿记录相符）、账实相符（会计账簿记录与财产等实有数额相符）。

第二十条　按照《工会会计制度》的规定，根据经过审核的记账凭证登记会计账簿，编制会计报表。

第二十一条　财务报告数字真实、计算准确、内容完整、说明清楚、报送及时，并经分管财务的工会主席、财务负责人审阅并签章。

第二十二条 实行会计电算化的单位，根据财政部《会计电算化工作规范》的要求，制定本单位会计电算化实施工作的具体方案，做好会计电算化工作。

第二十三条 用于账务处理的计算机应保证财务会计工作专用，不能联入单位局域网及互联网；需要联网的，应通过物理隔离等技术，保证账务数据的安全。

第二十四条 账务处理等电子数据定期备份。

第二十五条 下级工会财务软件、报表软件应能满足上级工会数据上报、报表上报的要求。

第二十六条 按照《工会法》和中国人民银行关于规范人民币银行结算账户管理的有关规定，开立银行账户，实行工会经费独立核算。

第二十七条 现金管理符合《现金管理暂行条例》；银行存款管理符合《人民币银行结算账户管理办法》；支付结算符合《支付结算办法》。

第二十八条 没有下列违反人民币银行结算账户管理规定的行为：擅自多头开设银行结算账户；将单位款项以个人名义在金融机构存储；出租、出借银行账户。

第二十九条 按照不相容职务相分离的原则，明确相关岗位的职责权限，确保不相容岗位相互分离、制约和监督。

第三十条 出纳人员不得兼任稽核、会计档案保管和收入、支出、费用、债权债务账目的登记工作。

第三十一条 单位不得由一人办理货币资金业务的全过程。

第三十二条 建立严格的经费开支程序和授权批准制度，明确授权批准的范围、权限、程序、责任和相关控制措施，做到申请、经办、证明、验收、审核、签批等经费开支手续完备，原始凭证合法有效，相关附件齐全。

第三十三条 重大资金支出实行集体决策和审批，并建立责任追究制度。

第三十四条 财务专用章由专人保管，个人名章由本人或其授权人保管。严禁一人保管支付款项所需的全部印章。

第三十五条 发票、收据等各种票据由不直接经办货币资金收付的人员保管，申领、启用、核销、销毁履行规定手续。

第三十六条 发票、收据做到手续清、账目清、责任清；使用专柜、专账、专表；防火、防盗、防霉烂损毁、防虫蛀鼠咬、防丢失；不准相互转借、转让，不准擅自处理空白联和其他质量残次的无效联。

第三十七条 银行票据明确购买、保管、领用、背书转让、注销等环节的职责权限和程序，设置登记簿进行记录。

第三十八条 严格按照财政部、全国总工会的规定管理和使用“工会经费收入专用收据”。

第三十九条 会计凭证、会计账簿、会计报表和其他会计资料按照国家有关规定，定期整理归档，妥善保管，调阅和销毁符合规定手续。

第三章　附　　则

第四十条　各级工会要加强对工会财务会计管理规范化建设的组织领导，建立健全长效机制。按照“统一领导，分级管理”的财务体制，全国总工会财务部负责对省级工会财务会计管理规范化的指导和检查。省级工会财务部门负责对本地区、本产业工会财务会计管理规范化的指导和检查。省、市级工会财务部门要加强对县级工会、乡镇（街道）工会和基层工会财务会计管理规范化的指导和检查，将工会财务会计规范化建设纳入工会财务竞赛考核指标。

第四十一条　各级工会要根据本规范，结合本单位的实际情况，制定具体实施办法。

第四十二条　本规范自发布之日起执行，2009 年 11 月以中华全国总工会办公厅名义印发的《工会财务会计管理规范》（总工办发〔2009〕32 号）同时废止。

中华全国总工会办公厅关于印发《基层工会经费收支管理办法》的通知

（总工办发〔2017〕32 号　2017 年 12 月 15 日）

各省、自治区、直辖市总工会，各全国产业工会，中共中央直属机关工会联合会、中央国家机关工会联合会，全总各部门、各直属单位：

《基层工会经费收支管理办法》已经中华全国总工会第十六届书记处第八十次会议审议通过，现印发给你们，请认真贯彻执行。

附件：

基层工会经费收支管理办法

第一章　总　　则

第一条　为加强基层工会收支管理，规范基层工会经费使用，根据《中华人民共和国工会法》和《中国工会章程》《工会会计制度》《工会预算管理办法》的有关规定，结合中华全国总工会（以下简称“全国总工会”）贯彻落实中央有关规定的相关要求，制定本办法。

第二条　本办法适用于企业、事业单位、机关和其他经济社会组织单独或联合建立的基层工会委员会。

第三条　基层工会经费收支管理应遵循以下原则：

（一）遵纪守法原则。基层工会应依据《中华人民共和国工会法》的有关规定，依法组织各项收入，严格遵守国家法律法规，严格执行全国总工会有关制度规定，严肃财经纪律，严格工会经费使用，加强工会经费收支管理。

（二）经费独立原则。基层工会应依据全国总工会关于工会法人登记管理的有关规定取得工会法人资格，依法享有民事权利、承担民事义务，并根据财政部、中国人民银行的有关规定，设立工会经费银行账户，实行工会经费独立核算。

（三）预算管理原则。基层工会应按照《工会预算管理办法》的要求，将单位各项收支全部纳入预算管理。基层工会经费年度收支预算（含调整预算）需经同级工会委员会和工会经费审查委员会审查同意，并报上级主管工会批准。

（四）服务职工原则。基层工会应坚持工会经费正确的使用方向，优化工会经费支出结构，严格控制一般性支出，将更多的工会经费用于为职工服务和开展工会活动，维护职工的合法权益，增强工会组织服务职工的能力。

（五）勤俭节约原则。基层工会应按照党中央、国务院关于厉行勤俭节约反对奢侈浪费的有关规定，严格控制工会经费开支范围和开支标准，经费使用要精打细算，少花钱多办事，节约开支，提高工会经费使用效益。

（六）民主管理原则。基层工会应依靠会员管好用好工会经费。年度工会经费收支情况应定期向会员大会或会员代表大会报告，建立经费收支信息公开制度，主动接受会员监督。同时，接受上级工会监督，依法接受国家审计监督。

第二章　工会经费收入

第四条　基层工会经费收入范围包括：

（一）会费收入。会费收入是指工会会员依照全国总工会规定按本人工资收入的5‰向所在基层工会缴纳的会费。

（二）拨缴经费收入。拨缴经费收入是指建立工会组织的单位按全部职工工资总额2%依法向工会拨缴的经费中的留成部分。

（三）上级工会补助收入。上级工会补助收入是指基层工会收到的上级工会拨付的各类补助款项。

（四）行政补助收入。行政补助收入是指基层工会所在单位依法对工会组织给予的各项经费补助。

（五）事业收入。事业收入是指基层工会独立核算的所属事业单位上缴的收入和非独立核算的附属事业单位的各项事业收入。

（六）投资收益。投资收益是指基层工会依据相关规定对外投资取得的收益。

（七）其他收入。其他收入是指基层工会取得的资产盘盈、固定资产处置净收入、接受捐赠收入和利息收入等。

第五条　基层工会应加强对各项经费收入的管理。要按照会员工资收入和规定的比例，按时收取全部会员应交的会费。要严格按照国家统计局公布的职工工资总额口径和所在省级工会规定的分成比例，及时足额拨缴工会经费；实行财政划拨或委托税务代收部分工会经费的基层工会，应加强与本单位党政部门的沟通，依法足额落实基层工会按照省级工会确定的留成比例应当留成的经费。要统筹安排行政补助收入，按照预算确定的用途开支，不得将与工会无关的经费以行政补助名义纳入账户管理。

第三章　工会经费支出

第六条　基层工会经费主要用于为职工服务和开展工会活动。

第七条　基层工会经费支出范围包括：职工活动支出、维权支出、业务支出、资本性支出、事业支出和其他支出。

第八条　职工活动支出是指基层工会组织开展职工教育、文体、宣传等活动所发生的支出和工会组织的职工集体福利支出。包括：

（一）职工教育支出。用于基层工会举办政治、法律、科技、业务等专题培训和职工技能培训所需的教材资料、教学用品、场地租金等方面的支出，用于支付职工教育活动聘请授课人员的酬金，用于基层工会组织的职工素质提升补助和职工教育培训优秀学员的奖励。

对优秀学员的奖励应以精神鼓励为主、物质激励为辅。授课人员酬金标准参照国家有关规定执行。

（二）文体活动支出。用于基层工会开展或参加上级工会组织的职工业余文体活动所需器材、服装、用品等购置、租赁与维修方面的支出以及活动场地、交通工具的租金支出等，用于文体活动优胜者的奖励支出，用于文体活动中必要的伙食补助费。

文体活动奖励应以精神鼓励为主、物质激励为辅。奖励范围不得超过参与人数的三分之二；不设置奖项的，可为参加人员发放少量纪念品。

文体活动中开支的伙食补助费，不得超过当地差旅费中的伙食补助标准。

基层工会可以用会员会费组织会员观看电影、文艺演出和体育比赛等，开展春游秋游，为会员购买当地公园年票。会费不足部分可以用工会经费弥补，弥补部分不超过基层工会当年会费收入的三倍。

基层工会组织会员春游秋游应当日往返，不得到有关部门明令禁止的风景名胜区开展春游秋游活动。

（三）宣传活动支出。用于基层工会开展重点工作、重大主题和重大节日宣传活动所需的材料消耗、场地租金、购买服务等方面的支出，用于培育和践行社会主义核心价值观，弘扬劳模精神和工匠精神等经常性宣传活动方面的支出，用于基层工会开展或参加上级工会举办的知识竞赛、宣讲、演讲比赛、展览等宣传活动支出。

（四）职工集体福利支出。用于基层工会逢年过节和会员生日、婚丧嫁娶、退休离岗的慰问支出等。

基层工会逢年过节可以向全体会员发放节日慰问品。逢年过节的年节是指国家规定的法定节日（即：新年、春节、清明节、劳动节、端午节、中秋节和国庆节）和经自治区以上人民政府批准设立的少数民族节日。节日慰问品原则上为符合中国传统节日习惯的用品和职工群众必需的生活用品等，基层工会可结合实际采取便捷灵活的发放方式。

工会会员生日慰问可以发放生日蛋糕等实物慰问品，也可以发放指定蛋糕店的蛋糕券。

工会会员结婚生育时，可以给予一定金额的慰问品。工会会员生病住院、工会会员或其直系亲属去世时，可以给予一定金额的慰问金。

工会会员退休离岗，可以发放一定金额的纪念品。

（五）其他活动支出。用于工会组织开展的劳动模范和先进职工疗休养补贴等其他活动支出。

第九条 维权支出是指基层工会用于维护职工权益的支出。包括：劳动关系协调费、劳动保护费、法律援助费、困难职工帮扶费、送温暖费和其他维权支出。

（一）劳动关系协调费。用于推进创建劳动关系和谐企业活动、加强劳动争议调解和队伍建设、开展劳动合同咨询活动、集体合同示范文本印制与推广等方面的支出。

（二）劳动保护费。用于基层工会开展群众性安全生产和职业病防治活动、加强群监员队伍建设、开展职工心理健康维护等促进安全健康生产、保护职工生命安全为宗旨开展职工劳动保护发生的支出等。

（三）法律援助费。用于基层工会向职工群众开展法治宣传、提供法律咨询、法律服务等发生的支出。

（四）困难职工帮扶费。用于基层工会对困难职工提供资金和物质帮助等发生的支出。

工会会员本人及家庭因大病、意外事故、子女就学等原因致困时，基层工会可给予一定金额的慰问。

（五）送温暖费。用于基层工会开展春送岗位、夏送清凉、金秋助学和冬送温暖等活动发生的支出。

（六）其他维权支出。用于基层工会补助职工和会员参加互助互济保障活动等其他方面的维权支出。

第十条　业务支出是指基层工会培训工会干部、加强自身建设以及开展业务工作发生的各项支出。包括：

（一）培训费。用于基层工会开展工会干部和积极分子培训发生的支出。开支范围和标准以有关部门制定的培训费管理办法为准。

（二）会议费。用于基层工会会员大会或会员代表大会、委员会、常委会、经费审查委员会以及其他专业工作会议的各项支出。开支范围和标准以有关部门制定的会议费管理办法为准。

（三）专项业务费。用于基层工会开展基层工会组织建设、建家活动、劳模和工匠人才创新工作室、职工创新工作室等创建活动发生的支出，用于基层工会开办的图书馆、阅览室和职工书屋等职工文体活动阵地所发生的支出，用于基层工会开展专题调研所发生的支出，用于基层工会开展女职工工作性支出，用于基层工会开展外事活动方面的支出，用于基层工会组织开展合理化建议、技术革新、发明创造、岗位练兵、技术比武、技术培训等劳动和技能竞赛活动支出及其奖励支出。

（四）其他业务支出。用于基层工会发放兼职工会干部和专职社会化工会工作者补贴，用于经上级批准评选表彰的优秀工会干部和积极分子的奖励支出，用于基层工会必要的办公费、差旅费，用于基层工会支付代理记账、中介机构审计等购买服务方面的支出。

基层工会兼职工会干部和专职社会化工会工作者发放补贴的管理办法由省级工会制定。

第十一条 资本性支出是指基层工会从事工会建设工程、设备工具购置、大型修缮和信息网络构建而发生的支出。

第十二条 事业支出是指基层工会对独立核算的附属事业单位的补助和非独立核算的附属事业单位的各项支出。

第十三条 其他支出是指基层工会除上述支出以外的其他各项支出。包括：资产盘亏、固定资产处置净损失、捐赠、赞助等。

第十四条 根据《中华人民共和国工会法》的有关规定，基层工会专职工作人员的工资、奖励、补贴由所在单位承担，基层工会办公和开展活动必要的设施和活动场所等物质条件由所在单位提供。所在单位保障不足且基层工会经费预算足以保证的前提下，可以用工会经费适当弥补。

第四章 财务管理

第十五条 基层工会主席对基层工会会计工作和会计资料的真实性、完整性负责。

第十六条　基层工会应根据国家和全国总工会的有关政策规定以及上级工会的要求，制定年度工会工作计划，依法、真实、完整、合理地编制工会经费年度预算，依法履行必要程序后报上级工会批准。严禁无预算、超预算使用工会经费。年度预算原则上一年调整一次，调整预算的编制审批程序与预算编制审批程序一致。

第十七条　基层工会应根据批准的年度预算，积极组织各项收入，合理安排各项支出，并严格按照《工会会计制度》的要求，科学设立和登记会计账簿，准确办理经费收支核算，定期向工会委员会和经费审查委员会报告预算执行情况。基层工会经费年度财务决算需报上级工会审批。

第十八条　基层工会应加强财务管理制度建设，健全完善财务报销、资产管理、资金使用等内部管理制度。基层工会应依法组织工会经费收入，严格控制工会经费支出，各项收支实行工会委员会集体领导下的主席负责制，重大收支须集体研究决定。

第十九条　基层工会应根据自身实际科学设置会计机构、合理配备会计人员，真实、完整、准确、及时反映工会经费收支情况和财务管理状况。具备条件的基层工会，应当设置会计机构或在有关机构中设置专职会计人员；不具备条件的，由设立工会财务结算中心的乡镇（街道）、开发区（工业园区）工会实行集中核算，分户管理，或者委托本单位财务部门或经批准设立从事会计代理记账业务的中介机构或聘请兼职会计人员代理记账。

第五章 监督检查

第二十条 全国总工会负责对全国工会系统工会经费的收入、支出和使用管理情况进行监督检查。按照“统一领导、分级管理”的管理体制，省以下各级工会应加强对本级和下一级工会经费收支与使用管理情况的监督检查，下一级工会应定期向本级工会委员会和上一级工会报告财务监督检查情况。

第二十一条 基层工会应加强对本单位工会经费使用情况的内部会计监督和工会预算执行情况的审查审计监督，依法接受并主动配合国家审计监督。内部会计监督主要对原始凭证的真实性合法性、会计账簿与财务报告的准确性及时性、财产物资的安全性完整性进行监督，以维护财经纪律的严肃性。审查审计监督主要对单位财务收支情况和预算执行情况进行审查监督。

第二十二条 基层工会应严格执行以下规定：

（一）不准使用工会经费请客送礼。

（二）不准违反工会经费使用规定，滥发奖金、津贴、补贴。

（三）不准使用工会经费从事高消费性娱乐和健身活动。

（四）不准单位行政利用工会账户，违规设立“小金库”。

（五）不准将工会账户并入单位行政账户，使工会经费开支失去控制。

（六）不准截留、挪用工会经费。

（七）不准用工会经费参与非法集资活动，或为非法集资活动提供经济担保。

（八）不准用工会经费报销与工会活动无关的费用。

第二十三条　各级工会对监督检查中发现违反基层工会经费收支管理办法的问题，要及时纠正。违规问题情节较轻的，要限期整改；涉及违纪的，由纪检监察部门依照有关规定，追究直接责任人和相关领导责任；构成犯罪的，依法移交司法机关处理。

第六章　附　　则

第二十四条　各省级工会应根据本办法的规定，结合本地区、本产业和本系统工作实际，制定具体实施细则，细化支出范围，明确开支标准，确定审批权限，规范活动开展。各省级工会制定的实施细则须报全国总工会备案。基层工会制定的相关办法须报上级工会备案。

第二十五条　本办法自印发之日起执行。《中华全国总工会办公厅关于加强基层工会经费收支管理的通知》（总工办发〔2014〕23号）和《全总财务部关于〈关于加强基层工会经费收支管理的通知〉的补充通知》（工财发〔2014〕69号）同时废止。

第二十六条　基层工会预算编制审批管理办法由全国总工会另行制定。

第二十七条　本办法由全国总工会负责解释。

中华全国总工会办公厅关于印发《工会预算管理办法》的通知

（总工办发〔2019〕26号　2019年12月31日）

各省、自治区、直辖市总工会，中华全国铁路总工会、中国民航工会全国委员会、中国金融工会全国委员会、中央和国家机关工会联合会：

《工会预算管理办法》已经中华全国总工会党组第41次会议审议通过，现印发给你们，请认真贯彻执行。

附件：

工会预算管理办法

第一章　总　　则

第一条　为了规范各级工会收支行为，强化预算约束，加强对预算的管理和监督，建立全面规范透明、标准科学、约束有力的预算制度，保障工运事业的健康发展和工会职能的有效发挥，根据《中华人民共和国工会法》《中华人民共和国预算法》等法律法规，制定本办法。

第二条　工会预算是各级工会组织及所属事业单位按照一定程序核定的年度收支计划。

第三条　预算、决算的编制、审查、批准、监督，以及预算的执行和调整，依照本办法规定执行。

第四条　工会系统实行一级工会一级预算，预算管理实行下管一级的原则。

工会预算一般分为五级，即：全国总工会、省级工会、市级工会、县级工会和基层工会。省级工会可根据乡镇（街道）工会、开发区（工业园区）工会发展的实际，确定省级以下工会的预算管理级次，并报全国总工会备案。

经全国总工会批准，中华全国铁路总工会、中国民航工会全国委员会、中国金融工会全国委员会依法独立管理经费，根据各自管理体制，确定所属下级工会的预算管理级次，并报全国总工会备案。

第五条　全国工会预算由全国总工会总预算和省级工会总预算组成。

全国总工会总预算由全国总工会本级预算和与全国总工会建立经费拨缴关系的企业工会汇总预算组成。

省级工会总预算由省（自治区、直辖市）总工会、中央和国家机关工会联合会、中华全国铁路总工会、中国民航工会全国委员会、中国金融工会全国委员会本级预算和汇总的下一级工会总预算组成。下一级工会只有本级预算的，下一级工会总预算即指下一级工会的本级预算。

本级预算是指各级工会本级次范围内所有收支预算，包括本级所属单位的单位预算和本级工会的转移支付预算。

单位预算是指本级工会机关、所属事业单位的预算。

转移支付预算是指本级工会对下级工会的补助预算。

第六条 拨缴的工会经费实行分成制。

第七条 工会预算应当遵循统筹兼顾、勤俭节约、量力而行、讲求绩效和收支平衡的原则。

第八条 各级工会的预算收入和预算支出实行收付实现制，特定事项按照相关规定实行权责发生制。

第九条 预算年度自公历 1 月 1 日起，至 12 月 31 日止。

第十条 预算收入和预算支出以人民币元为计算单位。

第二章 预算管理职权

第十一条 各级工会、各预算单位财务管理部门是预算归口管理的职能部门。

第十二条 全国总工会财务管理部门的职权：

（一）具体负责汇总编制全国工会预算；

（二）具体负责编制全国总工会本级预（决）算草案，报全总领导同志签批后，经中华全国总工会经费审查委员会审查，提交全总党组会议审议；

（三）具体负责编制全国总工会本级预算调整方案，经中华全国总工会经费审查委员会履行审查程序后，提交全总党组会议审议；

（四）批复全国总工会本级预算单位预（决）算，对省级工会的预（决）算和预算调整方案实行备案管理；

（五）提出全国总工会本级预算预备费动用方案，提交全总党组会议审议；

（六）具体负责汇总编制全国工会决算；

（七）定期向中华全国总工会经费审查委员会或其常委会报告全国总工会本级预算执行情况。

第十三条 省级工会的职权：

（一）汇总编制省级工会总预算，报全国总工会备案；

（二）编制省级工会本级预（决）算草案，经必要程序审查、审议通过后报全国总工会备案；

（三）编制省级工会本级预算调整方案，经必要程序审查、审议通过后报全国总工会备案；

（四）批复省级工会本级预算单位的预（决）算，对下一级工会的本级预（决）算和预算调整方案实行审批或备案管理；

（五）决定本级预备费的动用；

（六）汇总本级及以下各级工会决算，报全国总工会。

第十四条 市级工会的职权：

（一）汇总编制市级工会总预算，报省级工会备案；

（二）编制市级工会本级预（决）算草案，经必要程序审查、审议通过后报省级工会审批或备案；

（三）编制市级工会本级预算调整方案，经必要程序审查、审议通过后报省级工会审批或备案；

（四）审批市级工会本级预算单位的预（决）算，对县级工会的本级预（决）算和预算调整方案实行审批或备案管理；

（五）决定本级预备费的动用；

（六）汇总本级及以下各级工会决算，报省级工会。

第十五条 县级工会的职权：

（一）汇总编制县级工会总预算，报市级工会备案；

（二）编制县级工会本级预（决）算草案，经必要程序审查、审议通过后报市级工会审批或备案；

（三）编制县级工会本级预算调整方案，经必要程序审查、审议通过后报市级工会审批或备案；

（四）审批县级工会本级预算单位的预（决）算，对下一级工会的本级预（决）算和预算调整方案实行审批或备案管理；

（五）决定本级预备费的动用；

（六）汇总本级及以下各级工会决算，报市级工会。

第十六条 乡镇（街道）工会、开发区（工业园区）工会预算管理职权由省级工会确定。

第十七条 基层工会的职责：

（一）负责编制本级工会预（决）算草案和预算调整方案，经本级经费审查委员会审查后，由本级工会委员会审批，报上级工会备案；

（二）组织本级预算的执行；

（三）定期向本级工会经费审查委员会报告本级工会预算执

行情况；

（四）批复本级所属预算单位的预（决）算；

（五）编制本级工会决算，报上级工会。

第三章　预算收支范围

第十八条　预算由预算收入和预算支出组成。工会及所属预算单位的全部收入和支出都应当纳入预算。

第十九条　县级以上工会预算收入包括：拨缴经费收入、上级补助收入、政府补助收入、附属单位上缴收入、投资收益、其他收入。

基层工会预算收入包括：会费收入、拨缴经费收入、上级补助收入、行政补助收入、附属单位上缴收入、投资收益、其他收入。

第二十条　工会所属事业单位预算收入包括：财政拨款收入、事业收入、上级补助收入、附属单位上缴收入、经营收入、债务收入、非同级财政拨款收入、投资收益、其他收入。

第二十一条　县级以上工会预算支出包括：职工活动组织支出、职工服务支出、维权支出、业务支出、行政支出、资本性支出、补助下级支出、对附属单位的支出、其他支出。

基层工会预算支出包括：职工活动支出、职工服务支出、维权支出、业务支出、资本性支出、对附属单位的支出、其他支出。

第二十二条　工会所属事业单位的预算支出包括：行政支

出、事业支出、经营支出、上缴上级支出、对附属单位补助支出、投资支出、债务还本支出、其他支出。

第四章　预算编制与审批

第二十三条　根据国家财政预算管理要求和工会预算管理实际，全国总工会及时印发下一年度预算草案编制的通知。省、市、县级工会应根据全国总工会预算编制的有关要求，结合实际情况进行部署，编制本级预算，汇总下一级工会总预算，按规定时限报上一级工会。

第二十四条　各级工会、各预算单位应当围绕党和国家工作大局，紧扣工会中心工作，参照国务院财政部门制定的政府收支分类科目、预算支出标准和预算绩效管理的规定，根据跨年度预算平衡的原则，参考上一年预算执行情况、存量资产情况和有关支出绩效评价结果，编制预算草案。

前款所称政府收支分类科目，收入分为类、款、项、目；支出按其功能分类分为类、款、项，按其经济性质分类为类、款。

第二十五条　各级工会、各预算单位应当按照本办法规定的收支范围，依法、真实、完整、合理地编制年度收支预算。

第二十六条　根据《中华人民共和国工会法》等法律法规的规定，各级工会办公场所和工会活动设施等物质条件应由各级人民政府和单位行政提供。各级工会应积极争取同级政府或行政支持，将政府或行政补助纳入预算管理。在政府或行政补助不足的情况下，可以动用经费弥补不足，上级工会也可根据情况给予适当补助。

第二十七条　县级以上工会可根据所属事业单位分类情况，结合同级财政保障程度，对所属事业单位实行定额补助或定项补助。

第二十八条　各级工会支出预算的编制，应当贯彻勤俭节约的原则，优化经费支出结构，保障日常运行经费，从严控制“三公”经费和一般行政性支出，重点支持维护职工权益、为职工服务和工会活动等工会中心工作。

第二十九条　支出预算的编制按基本支出、项目支出进行分类。基本支出是预算单位为保障其正常运转、完成日常工作任务而编制的年度基本支出计划，按其性质分为人员经费和日常公用经费。基本支出之外为完成特定任务和事业发展目标所发生的支出为项目支出。

第三十条　县级以上工会的基本支出预算，应参照同级政府有关部门的有关规定、制度、费用标准以及核定的人员编制编列，当年未执行完毕的基本支出预算可在下年继续使用。

基层工会在单位行政不能足额保障的情况下，可根据需要从严编制基本支出预算。

第三十一条　各级工会上一年度未全部执行或未执行、下年需按原用途继续使用的项目资金，作为项目结转资金，纳入下一年度预算管理，用于结转项目的支出。

第三十二条　各级工会当年预算收入不足以安排当年预算

支出的，可以动用以前年度结余资金弥补不足。各级工会一般不得对外举债，县级以上工会由于特殊原因确需向金融机构申请借款的，必须经过党组会议集体研究决定。

结转结余资金使用管理办法由全国总工会另行制定。

第三十三条 上级工会对下级工会的转移支付分为一般性转移支付和专项转移支付。

一般性转移支付是上级工会给下级工会未指定用途的补助，应当根据全国总工会的有关规定，结合下级工会的财力状况和工作需要编制。

专项转移支付是上级工会给下级工会用于专项工作的补助，应当根据工作需要，分项目编制。

县级以上工会应当将对下级工会的转移支付预计数提前下达下级工会。各级工会应当将上级工会提前下达的转移支付预计数编入本级预算。

第三十四条 县级以上工会应根据实际情况建立本级预算项目库。

第三十五条 县级以上工会应根据基本建设类项目立项批复确定的资金渠道编制年度支出预算。

第三十六条 各级工会、各预算单位编制预算时，应根据政府采购和工会资金采购的相关规定，编制年度采购预算。

第三十七条 县级以上工会可以按照本级预算支出额的百分之一至百分之三设置预备费，用于当年预算执行中因处理突发事件、政策性增支及其他难以预见的开支。

第三十八条 县级以上工会可以设置预算稳定调节基金，用于弥补以后年度预算资金的不足。

第三十九条 省级（含）以下总工会预算必须由党组集体审议决定，同级经费审查委员会履行相应审查职责，其他审查、审议的必要程序由各级工会确定。

第四十条 上一级工会认为下一级工会预算与法律法规、上级工会预算编制要求不符的，有权提出修订意见，下级工会应予调整。

第四十一条 各级工会本级预算经批准后，应当在二十日内批复所属预算单位。

第五章 预算执行与调整

第四十二条 各级工会预算由本级工会组织执行，具体工作由财务管理部门负责。

各级工会所属预算单位是本单位预算执行的主体，对本单位预算执行结果负责。

第四十三条 各级工会应按照年度预算积极组织收入。按照规定的比例及时、足额拨缴工会经费，不得截留、挪用。

第四十四条 预算批准前，上一年结转的项目支出和必要的基本支出可以提前使用。送温暖支出、突发事件支出和本级工会已确定年度重点工作支出等需提前使用的，必须经集体研究决定。预算批准后，按照批准的预算执行。

第四十五条 各级工会应根据年度支出预算和用款计划拨

款。未经批准，不得办理超预算、超计划的拨款。

第四十六条 县级以上工会必须根据国家法律法规和全国总工会的相关规定，及时、足额拨付预算资金，加强对预算支出的管理和监督。各预算单位的支出必须按照预算执行，不得擅自扩大支出范围，提高开支标准，不得擅自改变预算资金用途，不得虚假列支。

第四十七条 当年预算执行中，县级以上工会因处理突发事件、政策性增支及其他难以预见的开支，需要增加预算支出的，可以由本级工会财务管理部门提出预备费的动用方案，报本级工会集体研究决定。

第四十八条 各级工会预算一经批准，原则上不作调整。

下列事项应当进行预算调整：

（一）需要增加或减少预算总支出的；

（二）动用预备费仍不足以安排支出的；

（三）需要调减预算安排的重点支出数额的；

（四）动用预算稳定调节基金的。

预算调整的程序按照预算编制的审批程序执行。

在预算执行中，各级工会因上级工会和同级财政增加不需要本级工会提供配套资金的补助而引起的预算收支变化，不属于预算调整。

第四十九条 各级工会、各预算单位的预算支出应当按照预算科目执行，严格控制不同预算科目、预算级次或项目间的预算资金调剂。确需调剂使用的，按照有关规定办理。

第五十条 县级以上工会在预算执行中有超收收入的，只能用于补充预算稳定调节基金。县级以上工会在预算年度中出现短收，应通过减少支出、调入预算稳定调节基金来解决。以上变化情况应在决算说明中进行反映。

第五十一条 县级以上工会和具备条件的基层工会应全面实施预算绩效管理。

第六章 决 算

第五十二条 各级工会应在每一预算年度终了后，按照全国总工会的有关规定编制本级工会收支决算草案和汇总下一级工会收支决算。

第五十三条 编制决算草案，必须符合法律法规和相关制度规定，做到收支真实、数据准确、内容完整、报送及时。

第五十四条 全国总工会和省、市、县级工会决算编制的职权按照本办法有关规定执行。

基层工会决算草案经本级经费审查委员会审查后，由本级工会委员会审批，并报上级工会备案。

第五十五条 各级工会所属预算单位的决算草案，应在规定的期限内报本级财务管理部门审核汇总。本级财务管理部门审核决算草案发现有不符合法律法规和工会规定的，有权责令其纠正。

第五十六条 各级工会应当将经批准的本级决算及下一级工会的决算汇总，在规定时间内报上一级工会备案。

第五十七条 上一级工会认为下一级工会决算与法律法规、上级工会决算编制要求不符的，有权提出修订意见，下级工会应予调整。

第五十八条 各级工会本级决算批准后，应当在十五个工作日内批复所属预算单位。

第七章 监督及法律责任

第五十九条 各级工会财务管理部门按照相关规定，对本级所属单位及下一级工会预（决）算进行财务监督。

第六十条 各级工会的预（决）算接受同级工会经费审查委员会的审查审计监督。预算执行情况同时接受上一级工会经费审查委员会的审计监督。

第六十一条 各级工会预算执行情况、决算依法接受政府审计部门的审计监督。

第六十二条 各级工会、各预算单位有下列行为之一的，责令改正，对负有直接责任的主管人员和其他直接责任人员追究行政责任。

（一）未按本办法规定编报本级预（决）算草案、预算调整方案和批复预（决）算的；

（二）虚列收入和支出的；

（三）截留、挪用、拖欠拨缴经费收入的；

（四）未经批准改变预算支出用途的。

第六十三条 各级工会、各预算单位及其工作人员存在下列行为之一的，责令改正，追回骗取、使用的资金，有违法所得的没收违法所得，对单位给予警告或者通报批评；对负有直接责任的主管人员和其他直接责任人员依法给予处分：

（一）虚报、冒领预算资金的；

（二）违反规定扩大开支范围、提高开支标准的。

第六十四条　县级以上工会预（决）算应在工会内部公开，经单位批准可向社会公开。

基层工会预（决）算应向全体工会会员公开。

涉密事项的预（决）算不得公开。

第八章　附　　则

第六十五条　本办法由全国总工会财务部负责解释。

第六十六条　省级工会应根据本办法，结合本地区本产业的实际，制定具体实施细则，并报全国总工会财务部备案。

第六十七条　本办法自2020年6月1日施行。2009年8月14日颁发的《工会预算管理办法》同时废止。